Dziękujemy za wspieranie czytelnictwa!

E. Pestka?

J. Klimaszewski

ANTOSIA

24.06.2016

h a l • *człowiek*

Konrad Kruczkowski

hal. człowiek

rozmowy o tym, co ważne

ZIELONA SOWA

Zdjęcia
Agnieszka Wanat

Projekt graficzny okładki
Kamil Pruszyński

Projekt graficzny środka
Małgorzata Karkowska

Redaktor prowadzący
Monika Koch

Korekta
Arlena Witt
Renata Falkowska
Jadwiga Przeczek

Skład i łamanie
Page Graph

Wydanie I

ISBN 978-83-7983-931-5

Wydawnictwo Zielona Sowa Sp. z o.o.
00-807 Warszawa, Al. Jerozolimskie 96
tel. 22 576 25 50, fax 22 576 25 51
wydawnictwo@zielonasowa.pl
www.zielonasowa.pl

Wstęp

Zaczęło się niewinnie: „Chciałbym, abyś napisał krótki wstęp do książki. Półtora, góra dwa i pół tysiąca znaków. Możesz, ale nie musisz nawiązać do Bloga Roku i tego okresu, kiedy się poznaliśmy. Czuj się swobodnie". Po tej kropce zaczęły się schody. Konrad to bloger, ale wystaje ponad średnią. Wrażliwością, jakością, talentem i wiedzą przepchał się do pierwszego rzędu ludzi, którzy rządzą w mądrej części polskiej sieci. Nie słodzę, bo wypada. Doceniam, bo zasłużył.

Gdyby nie Lilianna, pewnie nie byłoby Konrada Kruczkowskiego. Obaj jesteśmy zakochani w swoich córkach bardziej niż po uszy. Obaj wiemy, jak serce i rozum ojca mądrzeją, kiedy ten zaczyna być odpowiedzialny nie tylko za siebie. Szczęśliwie Konrad w swoim blogowaniu szybko wyszedł poza pamiętnik ojca. Zachował wprawdzie tamtą delikatność, ale zamienił pieluchy na syf współczesności. Tak, celowo jestem niegrzeczny i proszę korektę, żeby tego nie zmieniała. Dość ładnych i mądrych słów przeczytacie za chwilę.

Niezależnie od tego, czy Konrad mówi ze sceny do setek widzów, czy dzieli się swoimi myślami w 140 znakach na Twitterze, jest człowiekiem z innego świata. Skulony idealista, który naiwnie i utopijnie wierzy, że słowem można zmieniać rzeczywistość. Nie wiem, skąd bierze cierpliwość, ale doceniam brak pośpiechu, dokładność i zanikającą w mediach umiejętność zadawania najtrudniejszym gościom podstawowego pytania: dlaczego?

Nie biegnie za oczywistością. Mierzy się z legendami, łapie za słowa swoich bohaterów, a jednocześnie ma w sobie ten rodzaj szczerości, która pozwala skupić się na rozmowie dłużej niż kilka wyrwanych z dnia minut. *Mądry bloger* brzmi często jak oksymoron, ale macie w ręce książkę człowieka, który z Internetu czyni sztukę.

Jarosław Kuźniar

Spis treści

Ewa Błaszczyk – nie lubi ról, w których najłatwiej ją obsadzić: kobiety pełnej rozpaczy albo nadczłowieka. Podkreśla, że ważne jest życie „tu i teraz". Nagradzana aktorka teatralna i filmowa, piosenkarka. W 2002 roku, rok po tym, gdy jej córka zapadła w śpiączkę, założyła Fundację „Akogo?". W klinice Budzik, która powstała dzięki fundacji, z komy wybudziło się kilkadziesięcioro dzieci.

Henryka Bochniarz – mówi: „kobiety podnoszą głowy", i z uporem zabiega o ich prawa do obecności w przestrzeni publicznej. Była minister przemysłu i architekt polskiej demokracji. Współtwórczyni Kongresu Kobiet. Laureatka wielu nagród, między innymi nagrody im. Andrzeja Bączkowskiego za szczególny wkład w rozwój dialogu społecznego w Polsce i działania ponad podziałami politycznymi.

Anna Dymna – świat mówi o niej: „święta", ona sama: „normalna kobieta". Świat – że jest wielką aktorką, ona – że rzetelnie wykonuje swój zawód. Aktorka teatralna i filmowa. Od początku kariery związana ze Starym Teatrem w Krakowie. Założyła Fundację „Mimo Wszystko", która działa na rzecz osób chorych i niepełnosprawnych. Organizuje Festiwal Zaczarowanej Piosenki i Ogólnopolskie Dni Integracji „Zwyciężać Mimo Wszystko".

o. Leon Knabit OSB – od ponad sześćdziesięciu lat jest księdzem. Podróżuje komunikacją miejską, bo lubi być z ludźmi. Z pamięci cytuje Tertuliana i dokumenty soborowe. Benedyktyn, w latach 2001–2002 przeor opactwa w Tyńcu, publicysta i autor książek. Jego blog został nagrodzony statuetką Blog Roku 2011 w kategorii „Profesjonalne". W 2009 roku ojciec Leon Knabit otrzymał Krzyż Kawalerski Orderu Odrodzenia Polski.

Marcin Meller – dla jednych jest uosobieniem zgniłego salonu, dla innych – ostatnim bastionem zdrowego rozsądku. Działacz Niezależnego Zrzeszenia Studentów, reporter i korespondent wojenny „Polityki", w latach 2003–2012 redaktor naczelny polskiej edycji miesięcznika „Playboy". Felietonista tygodnika „Newsweek". W TVN24 prowadzi program kulturalny „Drugie śniadanie mistrzów". Wydał dwie książki: *Gaumardżos! Opowieści z Gruzji* (razem z Anną Dziewit--Meller) i zbiór felietonów *Między wariatami*.

Tomasz Raczek – twierdzi, że żyjemy w epoce inflacji wartości, a największym wrogiem współczesnej sztuki jest marketing. Krytyk filmowy, publicysta i wydawca. Autor programów telewizyjnych i radiowych. Wieloletni współpracownik Zygmunta Kałużyńskiego, z którym prowadził cykl telewizyjny „Perły z Lamusa". Laureat wielu nagród za osiągnięcia w dziedzinie krytyki artystycznej.

Wstęp albo o siódmym przykazaniu

Grzech ciężki popełniany jest dobrowolnie, w pełni świadomie i w ważnej sprawie. Zazwyczaj kradnę nieświadomie, co usprawiedliwia mnie tylko w trzydziestu procentach.

Niestety, rabunków dopuszczam się notorycznie. Do własnego krwiobiegu wprowadzam zdania innych, a z czasem stają się one moimi własnymi. Nie w znaczeniu – ja tak pomyślałem, są moje; raczej – dodały coś do mnie.

Ewie Błaszczyk ukradłem: „Życie nauczyło mnie omijać ludzi, którzy mają sodę w głowie".
Annie Dymnej: „Ludzie wstydzą się być idealistami".
Henryce Bochniarz: „Dziewczyna, kiedy ktoś ją walnie, nie powinna siedzieć cicho!".
Marcinowi Mellerowi: „Próba szukania środka kończy się tak, że obrywasz od wszystkich".
O. Leonowi Knabitowi: „Człowiek umiera raczej bezdyskusyjnie".
Tomaszowi Raczkowi: „Z tworzenia na kolanach nic wybitnego nie wychodzi".

Ta książka jest pokrętną formą zadośćuczynienia. Dzielę się w końcu tym, co wcześniej ukradłem.

Przy okazji udowodniłem sobie prawdziwość pewnego banału: warto rozmawiać. W jednym tytule zmieściłem sędziwego mnicha, feministkę, legendę teatru i dziennikarza, o którym mówią, że reprezentuje zgniły salon.

Mam nadzieję, że nierówności tej książki będą dla Państwa ciekawe. Dla mnie były.

Konrad Kruczkowski

Rozmawialiśmy o tym, jak ważny jest profesjonalizm. Dzień później na planie zdjęciowym zabrakło garderoby. Pomógł nam właściciel małego sklepu („Dla pani Ewy? Już zamykam!"). Pracowaliśmy dłużej, niż zakładano, było duszno i nieprzyjemnie.
– Pani Ewo, bardzo przepraszam za te warunki.
– Warunki były doskonałe. Bardzo panu dziękuję.

Z histerii nic nie wynika

Rozmowa z Ewą Błaszczyk

Gdy lekarz rozkłada ręce, jest gnilnia, to zostaje już tylko wektor na samobója. Możemy funkcjonować w tych samych warunkach, ale w kompletnie różnych światach.

Piętnaście lat temu Ola, córka Ewy Błaszczyk, zapadła w śpiączkę. Rok później aktorka założyła Fundację „Akogo?". W klinice Budzik, która powstała dzięki fundacji, z komy wybudziło się już dwadzieścioro jeden dzieci. Rozmawiamy o społecznym niedowładzie, lekarzach, od których wymaga się więcej, oraz o sytuacji zdrowych dzieci w domach dotkniętych chorobą. Również o tym, że praca może być terapią.

Pani często mówi: Ola to zrobiła nami.

Bo to jest uczciwe. Tak jest. Ona jest w niebywałej formie jak na piętnaście lat leżenia. To jest oczywiście ciężka praca, bardzo o nią dbamy. Medycyna się rozwija. Gdyby Ola nie trwała, ja nie dałabym rady. *Spiritus* tego wszystkiego to jest Ola.

Po koncercie w Sali Kongresowej, dziękując za ofiarowaną pomoc, powiedziała Pani: „Jakoś ten dług z Olą spłacimy". To już?

W pewnym sensie tak. Wywiązałyśmy się z Olą.

Budzik dzwoni. W sierpniu kolejne wybudzenie. Może czas odpocząć? Zamiast „w pewnym sensie tak", powiedzieć „zrobione"?

Odetchnęłam, że Budzik działa. A jednocześnie odbieram mnóstwo telefonów o tym, że ktoś ma dwadzieścia trzy lata, wypadek na motocyklu, śpiączka. Nie możemy przyjąć go do nas, bo Budzik jest dla dzieci. Pan mówi o dwadzieściorgu jeden wybudzonych, a ja psychicznie przesuwam się w stronę tych dziesięciu osób, które się nie obudziły i musiały opuścić klinikę…

W stronę kolejnej dziury w systemie.

Jest miejsce dla dzieci, nie ma dla dorosłych. Pracujemy z Ministerstwem Zdrowia i profesorem Wojtkiem Maksymowiczem, żeby w Olsztynie, u niego, stworzyć Budzik właśnie dla dorosłych. Potrzebujemy specjalistycznej aparatury, aby móc odróżnić stan wegetatywny od stanu minimalnej świadomości. Orkiestra Jurka Owsiaka kupiła dla Olsztyna bardzo drogi sprzęt do rezonansu magnetycznego, czekamy na dodatkowe urządzenia. Jeśli rezonans będzie sprzężony z EEG, będziemy mogli śledzić dwutorowo, czy bodziec wywołuje reakcję. I to w każdym ułamku sekundy.

U osób w komie reakcje bywają opóźnione. Czasami to dni, czasami miesiące.

Sztuka to zauważyć i połączyć. Jeśli ktoś jest w dużej afazji, to reakcja będzie bardzo przesunięta w czasie. To jest o tyle trudne, że każdy jest inaczej uszkodzony. I każdy program leczenia musi być indywidualny. Rozmawiałam z profesorem Waleckim, który mówił, że widział bardzo zniszczony mózg, a pacjent pisał piękne wiersze. I widział też mózg niemal nieuszkodzony, a człowieka nie było.

A jeśli ta minimalna świadomość jest? Zbadana, nazwana. Co wtedy?

Chcemy uruchomić programy eksperymentalne. Być może tu jest Ola. W tym fragmencie. Zresztą organizujemy konferencję, na której pojawią się lekarze z Japonii, Belgii, Niemiec. Naukowcy mający wspaniałe wyniki. W dłuższej perspektywie to ogrom pracy. Musimy stworzyć front przychylnych lekarzy, zebrać środki, dostosować prawo. Potrzebne są rozwiązania systemowe, bo bardzo łatwo dać nadzieję, ale jeśli ktoś umrze, kto weźmie za to odpowiedzialność?

Pani mówi „programy eksperymentalne", „ktoś umrze". Łatwo usłyszeć „szarlatani".

Już nie. Są lekarze, którzy idą i zawsze szli do przodu. Kombinują, ryzykują, chcą. Nie mają na imię Procedura. To doktor Harat z Bydgoszczy, wspomniany profesor Maksymowicz z Olsztyna, profesor Ząbek. To ludzie o niespożytych siłach.

A Pani prywatnie jeszcze obrywa? Że to jest szarlatanizm albo że własna sprawa do załatwienia?

Na tych głosach krytyki nie skupiam się wcale. Nie czytam komentarzy w Internecie, nie szukam. Do czego ma mi to służyć?

Słyszę od przyjaciół, co pisze się o nich, i to są rzeczy straszne. To nie jest moja rzeczywistość. Nie muszę całemu światu opowiadać, gdzie byłam i co robię. Reakcji złych jest mniej.

To Internet.

W realnym życiu pewne rzeczy się czuje. Wiem, że ktoś kpi albo nie traktuje mnie poważnie. Wtedy biorę spokojny oddech i mówię: „Róbmy swoje". Szkoda energii. Staram się otaczać ludźmi, którym się chce.

Cofnijmy się do czasu przed Budzikiem: dziecko, wypadek, OIOM, śpiączka.

Linearnie to, owszem, OIOM, później przerwana linia, potem rehabilitacja neurologiczna dla tych, którzy mogli się takiej rehabilitacji poddać.

A ci, którzy nie mogli?

Dziura. Ta pierwsza, którą zobaczyliśmy. To jest właśnie to miejsce, gdzie linia została przerwana.

I żadnych rozwiązań?

Żadnych. Ratowano życie, a na tym przerwanym odcinku rezygnowano z odpowiedzialności za nie. Proponowano dom albo hospicjum. Czasami komuś udało się wywalczyć oddział, ale to musiał trafić się doktor Judym. Inaczej pustka. Stąd Budzik – żeby tę pustkę uzupełnić.

Pani trafiła na doktora Judyma. Pchnął Panią do założenia fundacji.

Profesor Gerstenbrand, który przyjechał do Oli na konsultację. Był bardzo zdziwiony tą przerwaną linią. Wieloma sprawami był zdziwiony. Tym, że nie ma klinik, oddziałów, że nasi neurolodzy nie pojawiają się na konferencjach międzynarodowych. Rozmawialiśmy i szybko zrozumiał, że Polska to wciąż inne realia. Uświadomił mi bardzo mocno, nawet brutalnie, sytuację Oli. Jestem za to wdzięczna, bo tam nie było miejsca na owijanie w bawełnę. W krótkim czasie przekazał mi całe swoje zawodowe doświadczenie. Powiedział, że skoro już ten wypadek nam się przytrafił, a jestem osobą publiczną, powinnam coś z tym zrobić. To pozwoli mi zostawić sprawę Oli w rękach specjalistów. Słuchałam.

Fundacja powstała w 2002 roku, klinikę otwarto jedenaście lat później.

Po jedenastu latach groziło nam, że ten wysiłek pójdzie na marne, że wszystko nam się zawali. To był bardzo poważny kryzys.

[?]

Klinika już ruszyła, ale program leczenia był niedoszacowany. Wiedziałam, że jeśli Budzik wpadnie w długi, to spirala zacznie się nakręcać i wszystko runie. Ten kryzys miał kilka wymiarów. Po pierwsze, czuliśmy się bardzo osamotnieni, bo wszystko spoczywało na fundacji. Państwa nie było. Po drugie, tam była moja osobista odpowiedzialność, w tym za środki unijne. I po trzecie, *spiritus* tej walki, czyli Ola. Klinika nadawała sens tragedii, która się wydarzyła. Nagle miało się okazać, że to wszystko jest po nic. To był potworny stres. Potworny…

I na tym etapie, już po powstaniu kliniki, miało się rozsypać? Bez przesady.

Znałam wiele historii, gdzie firmy upadały niszczone przez państwo, a ludzie tracili dorobek życia. To działo się tuż obok. Pytałam: „Dlaczego ciebie ma to nie spotkać? Czym ty się różnisz?". Z drugiej strony nie mogłam dać wiary, że taki scenariusz jest możliwy. Media, a byłam wtedy wszędzie, to był pewien wentyl bezpieczeństwa. To był niezwykle trudny okres. Grali nami jak piłeczką do ping-ponga.

Administracja? Urzędnicy?

NFZ. Grali nami między jednym oddziałem a drugim. Byliśmy bezradni, a czas płynął. Pomógł nam wtedy pan Tomasz Latos, szef sejmowej komisji zdrowia, i ówczesna minister zdrowia Ewa Kopacz.

Jestem zdziwiony, bo Pani nigdy nie narzeka. W jednym z wywiadów wspomina Pani, że zawsze znajdowali się ludzie zaangażowani. Ministrowie gotowi do spotkania o dziesiątej wieczorem.

Tak, tak również było. Przez te lata nauczyłam się, że kiedy rozmowa jest gładka, a ustalenia przychodzą łatwo, to nic z tego nie wyjdzie. Dzisiaj potrafię to rozpoznać. Szczęśliwie wszędzie można znaleźć ludzi, którzy chcą i potrafią walczyć. A wtedy, nawet jeśli się sypie, to będzie. Tylko czy to jest normalne, że aby coś zrobić, rzecz musi się otrzeć o premiera? Premier Tusk pojawił się w Budziku i poszło. Czy każda sprawa musi zahaczać o prezydenta Stanów Zjednoczonych?

A jest tak, że przychodzi Ewa Błaszczyk i jest zgoda, a później, kiedy już sprawę prowadzi fundacja, ta zgoda traci aktualność? Nie pytam tylko o polityków.

Zgoda jest w zasadzie zawsze. Przy sprawie takiej jak nasza trudno jest powiedzieć „nie". Jeszcze trudniej to napisać. Problemy przychodzą później. To, czego u nas jest bardzo dużo, to jest choroba narodowa, to niedowład. Jeśli coś realizujemy, to realizujmy. Szukajmy rozwiązań. Istotna jest energia, żeby móc daną rzecz zrobić nie za tydzień, ale na wczoraj. I wtedy jest szansa, że to się uda. A my zawsze mamy układ i procedury. Ściana.

Na początku wszystko nam się rozpływało. Świadomość społeczna funkcjonowała w granicach zera. Musieliśmy wyjaśnić, czym śpiączka jest i czym będziemy się zajmować. I wtedy w TVN podeszła do mnie Bożena Walter i mówi: „Ewa, trzeba ten temat pociągnąć". Od słowa do słowa i udało się uruchomić olbrzymią kampanię informacyjną. TVN, Polsat…

W końcu telewizja publiczna. Patronuje klinice do dzisiaj.

Mam ograniczone zaufanie do hurra. Oczywiście umiem, potrafię to zrobić, ale to nie jest coś, na czym buduję. Trwalsza jest konsekwencja, wizja. Przyjęcie jakiejś drogi na dobre i na złe. I pewien intuicyjnie rozumiany poziom człowieka.

Tak. Wtedy też wydarzyła się rzecz niesamowita, bo przy jednym stole usiedli operatorzy wszystkich sieci komórkowych. Ludzie, którzy ścigają się na co dzień, zaczęli pracę ponad podziałami. Od tamtej pory, nawet jeśli pracujemy z politykami, to właśnie w ten sposób. Realizujemy temat. Mundurki polityczne się zmieniają. Temat się nie zmienia.

„Żeby coś zrobić, muszę mieć kogoś, kogo to obchodzi". To Pani.

Drugi człowiek jest niezwykle ważny. Szczególnie kiedy pojawiają się momenty trudne. I nie chodzi o fajerwerki, tylko o spokojne trwanie obok siebie.

Fajerwerki, hurra?

Mam ograniczone zaufanie do hurra. Oczywiście umiem, potrafię to zrobić, ale to nie jest coś, na czym buduję. Trwalsza jest konsekwencja, wizja. Przyjęcie jakiejś drogi na dobre i na złe. I pewien intuicyjnie rozumiany poziom człowieka.

Przy Oli nie ma hurra, prawda? Jest trwanie obok siebie. Tak, jakby Ola była.

To istotne, bo istotny jest człowiek. Osoba w śpiączce to podmiot, nie przedmiot. Nie można o kimś rozmawiać nad jego głową. Trzeba mówić, że się zaraz dotknie, przewróci, opowiadać. Trzeba żyć z tą osobą, a nie obok niej.

Takiego życia uczycie w Budziku? Bo przecież tam są nie tylko dzieci. Rodzice również.

W procesie rehabilitacji więź z bliskimi jest szczególnie ważna. Rodzice muszą wiedzieć, co się dzieje, na którym etapie rehabilitacja ma większy sens. Muszą umieć czytać dziecko. Ale przede wszystkim chodzi o rozbrajanie ich lęku. Muszą się zżyć ze śpiączką. Ta trudna sytuacja powinna stać się ich częścią, wejść w krwiobieg.

Są rodzice, którzy przegrywają, wycofują się?

To jest tygiel emocji. Wulkan. W tak dramatycznej sytuacji, tam, w środku, cały czas kipi. I zawsze należy spodziewać się erupcji.

Co wtedy?

Trzeba gasić pożar. Właśnie po to w klinice są psychologowie, po to jest dyrektor Lach. Między innymi dlatego ludzie, którzy pracują w Budziku, muszą chcieć być tam „bardziej". Nasza praca to jest naprawdę trudny kawałek chleba.

Bardzo trudny? Powiedziała Pani kiedyś: „Potrzebuję ludzi, którym chodzi o coś więcej niż osiem godzin na etacie".

W przeciwnym razie to zupełnie nie ma sensu. Jeśli nie ma czegoś „ponad kreskę", to zabraknie ciekawości, cierpliwości, pogody ducha. A to są ludzie, którzy obok pomocy rodzicom mają przekonać dziecko, które jest zawieszone na krawędzi, żeby tu wróciło. Tu bycie dobrym fachowcem to za mało.

Doktor Szczeklik podkreślał, że lekarz nie może być tylko profesjonalistą, musi być humanistą.

Humanistą i trochę artystą. Potrzebna jest pasja. Fikołek. Czy to jest lekarz, czy to jest pilot, który ląduje na Hudson, czy profesor Religa, który młotem rozwala procedury, to za każdym razem podejmowane są decyzje, które wiążą się z ogromną odpowiedzialnością. I jeśli ktoś gotów jest tę odpowiedzialność dźwigać, można mu zaufać. I to tworzy. Właśnie tacy ludzie porywają za sobą rodziców czołgających się w rozpaczy.

Bywa, że lekarz rozkłada ręce…

Gdy lekarz rozkłada ręce, jest gnilnia, to zostaje już wektor na samobója. Dlatego my w Budziku walczymy o szczególną atmosferę. Możemy funkcjonować w tych samych warunkach medycznych, ale w dwóch kompletnie różnych światach.

Jest wysiłek i praca, ale nie ma reakcji zwrotnej. Rok, drugi, trzeci, kolejny… Myślę, że łatwo o zmęczenie, o przekonanie, że to zakrzywianie rzeczywistości.

Dlatego tak ważna jest rotacja. Ważne, żeby mieć zespół ludzi, którzy mogą pomóc. I potrzebny jest wentyl. Mój wentyl to moja praca. Bez tej pracy już by mnie nie było. To, że mogę śpiewać, wejść do teatru, do kina, pojawić się w telewizji, to mój wentyl. Tam nie mogę zawieść, muszę się skupić. Podczas pracy to, co trudne, schodzi na drugi plan. I jednocześnie dostaję dużo energii, którą mogę zainwestować w dom. Trójpolówka.

Ta trójpolówka trwa już piętnaście lat.

Odpoczynek jest ważny. Bez fundacji byłoby nam niezwykle trudno to zorganizować. Myślę, że bez takiego wsparcia to jest możliwe tylko tam, gdzie angażuje się cała społeczność: przyjaciele, rodzina, sąsiedzi.

To nie jest powszechne zaangażowanie.

Trzeba mieć przyjaciół. Ktoś nas musi lubić, ktoś kochać. Tam, gdzie takie rzeczy mają miejsce, istnieje wspólnota. Ludzie się znają, wiedzą o sobie. Tu, w dużych ośrodkach, my nic o sobie nie wiemy. Nie znamy swoich sąsiadów.

A nie jest tak, że znamy, ale paraliżuje nas strach?

Jeśli jest więź, to strach nie jest tak istotny. Strach jest konsekwencją tego, że nie jesteśmy blisko. Boimy się chorych, wdów, ludzi, którzy umierają.

Ewa Błaszczyk się nie boi?

Zachowuje się całkowicie normalnie. Śmierć jest częścią życia. Byłam po drugiej stronie. Bano się mnie, nas. Minęło trochę czasu i różne sprawy połączyły mnie na nowo z ludźmi, którzy tuż po tragedii Oli wycofywali się z naszego życia. Dziwią się, że normalnie rozmawiam. Pytam wtedy: „A czego się spodziewałeś?".

Wiele osób nie wie, że obok Oli jest jeszcze Marianna. To jakoś symboliczne, prawda? Że uwaga zawsze kierowana jest w stronę chorego dziecka.

Doktor Gerstenbrand powiedział wprost, że nie mogę zaniedbać zdrowego dziecka. W domach, gdzie jedno dziecko choruje, zdrowe jest odstawiane na boczny tor. I mamy emocjonalne kalectwo. To jest klasyczny błąd większości przypadków. Na całą sytuację, w której się znaleźliśmy, musiałam patrzeć w szerszej perspektywie. Musiałam w różnych scenariuszach postawić się w miejscu Mani. Kiedy to było możliwe, brałam Manię ze sobą, łączyłam aktywności. Udało nam się ocalić część normalnego życia.

Były przecież takie okresy, musiały być, że Oli poświęcała Pani więcej czasu i uwagi.

Umawiałam się wtedy z Manią, że kiedy ten czas się skończy, będziemy ze sobą więcej. Wyjeżdżałyśmy razem. Podczas jednego z takich wyjazdów Ola trafiła na OIOM. To wtedy Mania mnie ratowała, tłumaczyła, że Ola jest pod dobrą opieką. Dotarło. Były takie momenty, kiedy to Mania przejmowała część mnie i pomagała się zebrać.

Znam rodziców, którzy wyjeżdżają ze zdrowymi dziećmi, ale ich głowy zostają w domu. Są nieobecni. I nie wiem, co gorsze.

Bycie „tu i teraz" jest we mnie niezwykle silne. Jeśli poświęcam komuś uwagę, to robię to w pełni. Kiedy jestem na scenie, to jestem na scenie. Kiedy rozmawiam z Panem, to rozmawiam z Panem. Nie lubię być trochę w ciąży. Mania dostawała mnie w stu procentach.

Powiedziała, że było dla niej ważne zobaczyć, że Pani nie jest niezniszczalna.

To oczywiste, że nie ukryję przed nią załamania. Przecież ona mnie czyta jak otwartą książkę. Ale też wie, że się pozbieram. Właśnie dlatego, że ona jest. Tu nie ma wyboru. Nie ma.

Nie chciała Pani ukryć tych załamań? Żeby ją chronić?

To udawanie, a udawanie to oddalanie się od siebie. Ja nie chcę się od niej oddalać. To nie jest dobra droga.

Teraz to dorosła dziewczyna, która zaraz opuści dom. Oddali się w naturalny sposób.

To jest zupełnie coś innego. Wiem, że Mania wyfrunie. To już się dzieje. Ma chłopaka, wychodzi, coraz częściej jej nie ma.

Jest zakochana, cieszy się. Nie chcę, żeby czuła się źle – niech wszyscy się z tego cieszą. To musi być wolny wybór wolnych ludzi. Oczywiście, moje życie się zmieni. Lubię porównanie, że my jesteśmy jak wieloryb z wielką ilością tłuszczu. Ten tłuszcz się przelewa. W moim życiu jest teraz czas na hamowanie – tłuszcz przepływa w inne miejsce. Potrafię się na ten czas przygotować.

Jeśli trzeba coś wykonać, trzeba wybrać fragment stąd dotąd, i nie wolno tego zawalić. Zawsze jest coś, co w danym momencie jest najważniejsze, najpilniejsza potrzeba. W ten sposób taśma się przesuwa. Zamordyzm, wszystko naraz, to jest droga donikąd.

Dzisiaj jest w Pani dużo spokoju.

Kiedy coś na mnie spada, uderza w tył głowy i wprawia w dygot, próbuję pamiętać, że należy poruszać się wektorem w kompletnie przeciwnym kierunku. Biorę głęboki oddech i zaczynam działać. Nauczyłam się tego. Z histerii i trzepotu nic nie wynika. Harmonia jest bardzo ważna. Szczególnie w trudnych sytuacjach.

Znam ludzi, którzy biorą głęboki oddech, nawiązują kontakt z rzeczywistością i paraliż. Nagle dostrzegają, że za dużo, za trudno.

Robi się odcineczki, niewielkie kawałki. Nie da się wszystkiego zrobić naraz. Jeśli patrzymy zbyt daleko, to życie staje się tak przerażające, że można już tylko obudzić się z krzykiem o czwartej nad ranem. Bardzo jest istotne, żeby łapać czas teraźniejszy. Jeśli trzeba coś wykonać, trzeba wybrać fragment stąd dotąd, i nie wolno tego zawalić. Zawsze jest coś, co w danym momencie jest najważniejsze, najpilniejsza potrzeba. W ten sposób taśma się przesuwa. Zamordyzm, wszystko naraz, to jest droga donikąd.

Od przesuwania taśmy do zamordyzmu to tylko krok.

Tak, zgoda. Dlatego podkreślam potrzebę łapania teraźniejszości. Trzeba być tu i teraz. I bardzo ważne: ja muszę dbać o to, żeby się dobrze czuć. Nie mogę podupaść na zdrowiu, pozwolić sobie na gorszą formę.

Wtedy wszystko idzie gorzej. Ta taśma musi się przesuwać spokojnie i harmonijnie. Inaczej jest katastrofa. A czasami trzeba tę taśmę zatrzymać.

Kiedy ostatni raz zatrzymała się taśma Ewy Błaszczyk?

Kilka dni temu wróciłam z Portugalii. Dzięki temu mogę z Panem dzisiaj rozmawiać w taki sposób, znów mówić o rzeczach trudnych. Byłam z Manią, praca została tutaj. Jest granica zmęczenia, której nie można przekraczać. Po prostu.

Praca zawodowa to też odcinki? Podkreśla Pani, że aktorstwo miało charakter terapeutyczny, łamało. *Rok magicznego myślenia* to jest historia bliźniacza do tego, co Panią spotkało?

Czytałam tę sztukę i powiedziałam sobie, że dam radę. Później, że to nie ma nic wspólnego z Ewą Błaszczyk. Jestem aktorką, potrafię wykonywać ten zawód, jestem przygotowana. I z tak trudnym tematem wychodziłam przed publiczność na taką odległość, że można mnie było dotknąć z pierwszych rzędów.

I ta publiczność, siłą rzeczy, utożsamia ten tekst z Panią.

A ja wiem, że muszę to połączenie rozciąć. I to robię. To jest sztuka, nie wystąpienie biograficzne.

Ale w tym konkretnym przypadku nakładanie dwóch rzeczywistości, scenariusza i Pani życia, jest nie do uniknięcia.

Na tym właśnie polega profesjonalizm, że na etapie przygotowań pojawia się wiele wątków osobistych, ale kiedy już stoję na scenie, przed widownią, nie pokazuję tego, co prywatne. I widzowie w pewnym momencie zaczynają to rozumieć. Publiczność zgadza się na ten podział. Nigdy nie miałam poczucia, że scena zabiera mi prywatność. Nigdy.

To gdzie ten element terapeutyczny?

W spektaklu: w historii, w grze, w tym wszystkim, co dzieje się podczas spektaklu. Nie wiem, czy jest potrzeba, żeby to nazywać, określać. Jeśli robię sztukę, która mnie uzdrawia i uzdrawia niektóre osoby, które na ten spektakl przychodziły, a przychodziły po siedem, dziewięć razy, to znaczy, że to jest ważny proces. I chyba fajnie, co? Nie wiem, ilu psychiatrów musiałoby nad nami pracować i jak długo by to trwało, gdyby nie możliwość wypowiadania tych zdań ze sceny. Tak naprawdę, to żadne odkrycie, że sztuka nas leczy.

Tyle że w Polsce sztuka to wciąż dobro limitowane, dostępne dla nielicznych.

Przedstawienie, o którym rozmawiamy, widziałam wcześniej w Królewskim Teatrze Narodowym w Londynie. Wszystkie miejsca zajęte. Bardzo młodzi ludzie, seniorzy, osoby w średnim wieku… pełny przekrój. Tacy w żałobie i ci, którzy byli zainteresowani tym przedstawieniem z zupełnie innych powodów. Duża scena. Pomyślałam, że w Polsce to wciąż niemożliwe. U nas to musiała być mała scena i bliski kontakt. Zastanawiają mnie te różnice.

I jakie wnioski?

Prozaiczne. Tak jak Pan wspomniał – różni nas poziom życia, a co za tym idzie, doświadczenia. Tu blokowiska i braki finansowe, tam poczucie bezpieczeństwa i dostatnie, spokojne życie.

Trochę Pani przesadza.

Celowo, żeby zarysować różnicę. Tu blokowiska i serial w telewizji, bo więcej nie można. W Londynie z rodziną można iść do teatru, a później usiąść w restauracji albo w domu z kominkiem. To nie jest wydatek, który należy odnotować. Można sobie pozwolić. U nas to zawsze kalkulacja, coś za coś. Naprawdę trudno rozmawiać o teatrze, kiedy człowiek boi się, że zaraz straci pracę, martwi się o dzieci, kredyt…

Stanisława Celińska mówi w „Newsweeku", że znielubiła teatr, bo ten nie daje nadziei. Teatr stał się mroczny.

To zależy jaka sztuka. Jest też problem powtarzalności tematów, epatowania wciąż i wciąż tym samym. Próba szokowania rzeczami, które dawno przestały szokować.

Pojawiło się kilka teatrów komercyjnych. Osobiście wiązałem z nimi duże nadzieje.

Niech będą i teatry komercyjne. Rzecz w tym, że teatr musi robić sztukę. I to sztukę, która jest zrozumiała. Podczas obchodów rocznicy Powstania Warszawskiego mieliśmy spektakl Agaty Dudy-Gracz, z którego ja kompletnie nic nie zrozumiałam. Całość działa się późno, bo o północy. Przetrzymano ludzi dwie godziny. Teatr, oprócz tego, że powinien być zrozumiały, musi szanować widza.

Nie jest tak, że widz przychodzi, żeby jednak otrzymać coś, czego nie ma? Że zajmuje pozycję petenta? To artyści są tymi ważnymi, pierwszymi?

Obca jest mi postawa, że jest sztuka – czy media, cokolwiek innego – wielcy my, a później długo, długo nic, i na szarym końcu odbiorca. Ze Stasią Celińską, z Anią Dymną jest mi dobrze, przyjaźnimy się, bo im zależy na ludziach. Są normalne. Życie nauczyło mnie omijać ludzi, którzy mają sodę w głowie.

Od Anny Dymnej usłyszałem duży żal, że teatr rezygnuje z poezji, z bajek.

Ta rezygnacja jest potwornie głupia, kierunek donikąd. Tyle że to zjawisko powszechne, obecne wszędzie, poza teatrem również. Świat zrobił się potwornie pragmatyczny. Proszę zobaczyć, jak rozmawiamy o Powstaniu Warszawskim. Słyszę młodych, którzy mówią, że należało się układać, nie było sensu ginąć. A to nie jest wszystko takie proste.

Świat zrobił się potwornie pragmatyczny. Proszę zobaczyć, jak rozmawiamy o Powstaniu Warszawskim. Słyszę młodych, którzy mówią, że należało się układać, nie było sensu ginąć. A to nie jest wszystko takie proste.

Nie jest proste, bo?

Bo jest w nas tożsamość. Coś, co trudno zdrapać. Osobiście jest mi bliższe to, co powiedział Boguś Linda: że mieliśmy dość poniewierania, poniżania, że trzeba było w końcu powiedzieć „kurwa, nie!". I nawet umrzeć, ale przez chwilę poczuć, że nikt nas nie rozstawia po kątach. To układanie się wszędzie i ze wszystkimi doprowadzi nas do obłędu.

Do obłędu?

Jeszcze chwila i naprawdę damy sobie wmówić jakiemuś urzędnikowi, że banan musi być prosty. Tu się zaczyna świat, którego nie rozumiem. Był taki serial *Izaura*, później Izaurą nazywano dzieci, psy, sklepy… Dzisiaj imię dziewczynki powinno brzmieć Procedura.

Ten pragmatyzm przyśpiesza. Pamiętam rzeczywistość, kiedy zjawiska, o których rozmawiamy, nie były tak powszechne.

Kariera, korporacja, kasa. Człowiek ginie. Giną rodzice, dzieci, relacje między nimi. Jest egoizm. EGO.

To już straszny defetyzm.

Nie, nie tylko defetyzm. Nadchodzi drugi front, ja już go czuję. Taki, gdzie będzie mniej wartości materialnych, a więcej humanizmu.

W sztuce, choć jeszcze nie u nas, to zaczyna być widoczne. A ludzie sztuki wąchają czas, widzą pewne rzeczy szybciej.

Nowe pokolenie, najmłodsi, szukają w życiu czegoś więcej. Już ich zbadano i wiemy, że częściej angażują się w wolontariat. Jeśli nastolatka uczy się tańczyć, to sama później tego tańca uczy w domu starców.

I to piękne. Myślę, że dużo wynosi się z domu. Córki mojej znajomej bardzo angażują się w różne inicjatywy, są już dawcami szpiku, działają. Ale to jest właśnie taki cudowny dom, którym one nasiąkają.

Dom jest ważny, ale nie jedyny. Teatr, telewizja, media, my wszyscy – powinniśmy poprawiać smaki. A przecież to się nie dzieje.

Mnie jest z tym marnie. Jeśli mówimy o mediach, o stacjach prywatnych – to jest czyjaś piaskownica i czyjaś odpowiedzialność. TVN był kiedyś inny, teraz będzie jeszcze inny. Z drugiej strony, to zawsze jest sprawa osób, które wykonują dany zawód. W misji zbiega się pewna wizja, humanizm, poczucie przynależności, wypadkowa patriotyzmu, tożsamości, wiary. Jeśli tych elementów nie ma, jest tylko sprzedaż, to będziemy pikować w dół. Niestety. Teoretycznie w telewizji publicznej powinno być z tym łatwiej…

Zawsze pojawia się argument ekonomiczny: wszystko kosztuje, misja kosztuje najwięcej, bo się szybko nie zwraca.

Widzi Pan, ja chętnie zapłacę większy abonament, ale żeby nikt mi nie wchodził z reklamą w metafizyczne kino, nie przerywał pewnego procesu, który się dokonuje, kiedy oglądam dobry film. I idźmy dalej: niech tam będzie reportaż, rozmowy. Rozmowy, nie pyskówki.

Wtedy będziemy poprawiać smaki. Proszę zwrócić uwagę, że TVP Kultura cały czas stoi na krawędzi. To, co Pan nazywa argumentem ekonomicznym, mieści się w myśleniu procedurami. Musimy od tego uciekać.

Anna Dymna mogła grać w Stanach. Pani w Niemczech. Argument ekonomiczny był oczywisty, a kalkulacja prosta. Obie jesteście tutaj.

Bo tu jest nasze miejsce. Tutaj rozumiem ludzi. Mamy wspólną historię, wspólną pamięć, podobne emocje. Pojechałam kiedyś na Śląsk z *Orszakami dworakami*, a to było zaraz po śmierci górników. W trakcie utworu z widowni wyszła niebywała energia, coś trudnego do opisania. Przestałam śpiewać, stałam tam do końca. Oni to zrozumieli. Doskonale wiedzieli, że ta cisza jest ważniejsza. I to jest w tym zawodzie najbardziej wartościowe.

Są role, których dzisiaj by Pani nie zagrała?

Miałam dużo szczęścia. Nigdy nie robiłam rzeczy marnych. Zawsze dostawałam role adekwatne. Owszem, były role mniej istotne, ale nie dajmy się zwariować, to jest część tej pracy. Zresztą, ja nie mam do siebie narcystycznego podejścia. Dużo rzeczy mija, zapominam. Również poza pracą. Jeśli dzieje się coś marnego, złego – wypieram. Szkoda życia. Trzeba iść dalej.

Ewa Błaszczyk – *aktorka teatralna i filmowa, piosenkarka i pieśniarka. Debiutowała na scenie Teatru Współczesnego w Warszawie. Za rolę Klary w* Nadzorze *Saniewskiego otrzymała Brązowe Lwy Gdańskie. Fundatorka i współzałożycielka Fundacji „Akogo?”. Fundacja powołała do życia klinikę Budzik, w której leczone są dzieci po najcięższych urazach mózgu. Obecnie trwają prace nad stworzeniem bliźniaczej placówki dla dorosłych. Odznaczona m.in. Orderem Uśmiechu, Orderem Ecce Homo, Krzyżem Kawalerskim Orderu Odrodzenia Polski i Medalem Solidarności Społecznej.*

Więcej informacji o Fundacji „Akogo?” na stronie 158.

Ostrzegano mnie, że Henryka Bochniarz to krwiożerczy kapitalizm w spódnicy; feminizm, który nie bierze jeńców, zimny profesjonalizm. Rozmawialiśmy godzinę dłużej. O moich rodzicach, którzy „na swoim" od wczesnych lat dziewięćdziesiątych („Tacy ludzie to bohaterowie tych dwudziestu pięciu lat wolności"). O wnukach („Zuzia to jest ta najbardziej waleczna. Oddaje chłopakom!"). O tym, jak ważna jest rodzina.

Kobiety muszą wybierać

Rozmowa z Henryką Bochniarz

Kobiety uczą się, że funkcjonowanie w życiu publicznym nie oznacza permanentnego sukcesu. To również klęski. Umiejętność radzenia sobie z przegraną jest ważniejsza niż umiejętność radzenia sobie z sukcesem. Do sukcesu zawsze jest bardzo wielu chętnych.

W kampanii wyborczej przed wyborami parlamentarnymi w 2015 roku kobiety ratowały to, co było do uratowania. Panowie albo nie byli w stanie zdobyć poparcia społecznego, albo właśnie je utracili. A po wyborach: „Paniom dziękujemy, wasze miejsce to boczny tor".

Jeśli mam być szczera, to wcale się temu nie dziwię. To naturalny porządek rzeczy.

Nie dziwi się Pani, że kobiety zostały cynicznie wykorzystane?

To, że się nie dziwię, nie znaczy, że akceptuję. Zmiany społeczne są potrzebne. Można je przyspieszać, a można się temu naturalnemu porządkowi poddać. Pan mówi o cynicznym wykorzystaniu, ale tu wydarzyło się kilka rzeczy pozytywnych. Po pierwsze, okazało się, że partie polityczne bez pomocy kobiet nie są w stanie zdobyć zaufania społecznego.
Po drugie, zmianom, o których mówię, służą między innymi kwoty na listach wyborczych, w których efekcie, po latach dominacji mężczyzn w polityce, kobiety zaczynają wychodzić z kąta.

Ale właśnie do kąta zostały postawione po wyborach. Przez mężczyzn. Przegrały.

Wciąż jest tak, że kobiety otrzymują stanowiska z nominacji mężczyzn, a nie w wyniku budowania swoich własnych środowisk. To się zmieni. Zaraz okaże się, że to przesunięcie o jedno miejsce będzie dla kobiet niewystarczające. Praca na rzecz współdecydowania kobiet w polityce i biznesie to nie blitzkrieg, to długi marsz. Ważne, aby te kobiety, którym już się udało, wspierały inne.

Podczas wieczoru wyborczego przy Ewie Kopacz nie stanął żaden kolega, Beata Szydło wchodziła na scenę jako czwarta, Barbara Nowacka została przez swoje środowisko obarczona odpowiedzialnością za przegraną. To nie klęska kobiet?

Ewa Kopacz dowiozła rozbitą Platformę do mety z 24-procentowym wynikiem wyborczym, a nie zdarzyło się w naszej krótkiej historii demokracji, żeby partia, która była osiem lat przy władzy, uzyskała taki wynik. Premier Beata Szydło wykonała tytaniczną pracę. Jestem pewna, że gdyby Barbara Nowacka nie miała za sobą panów z SLD, uzyskałaby zdecydowanie lepszy wynik. Jarosław Kaczyński przegrał osiem wyborów i nikt nie nazywa go wielkim przegranym, ale gdy rywalizację wyborczą przegrywa kobieta, to jest poddawana ocenie przez inne filtry. Znacznie surowszej.

Jeśli zwycięstwo, to pyrrusowe. Osobista cena, którą te panie płacą, jest bardzo duża.

Ale i to ma wartość. Kobiety uczą się, że funkcjonowanie w polityce nie oznacza permanentnego sukcesu. To również klęski. Umiejętność radzenia sobie z przegraną jest ważniejsza niż umiejętność radzenia sobie z sukcesem. Do sukcesu zawsze jest bardzo wielu chętnych.

Naprawdę jest tak, że są ci źli mężczyźni i te kobiety, które muszą wydzierać kawałek tortu, aż będą mieć znaczącą jego część?

Nie, nie aż tak. Tu naprawdę nie chodzi o dominację kobiet, przejęcie ról, ale o możliwość współdecydowania i różnorodność. Życie publiczne i biznes to pola zarezerwowane przez mężczyzn. Naruszanie tego statusu musi boleć, nie ma rady. Moje koleżanki często są oburzone tym, jak zachowują się mężczyźni, którzy za wszelką cenę bronią tej przestrzeni, ograniczają dostęp do stanowisk. Mówię wtedy: pomyślcie, że jest odwrotnie, że to my przez lata funkcjonowałyśmy we wszystkich dziedzinach społecznych.

I panie mówią panom: „Dziękujemy, boczny tor".

Myślę, że byłyby widoczne wyraźne różnice. Mniej ostrości. Kobiety mają w swoje funkcjonowanie wpisaną różnorodność ról, bo nie są skupione na jednym. Polityka nie jest dla nich jedyną interesującą dziedziną życia. Dzielą swoją aktywność na rodzinę, opiekę nad dziećmi i życie zawodowe. Koniec przygody z polityką nie jest dla kobiety końcem świata. Dla mężczyzn jest i dlatego panowie tak konsekwentnie bronią tego miejsca. Pan mówi o wojnie płci, ale ja uważam, że tu nie może być języka walki. Krok po kroku trzeba robić swoje, systematycznie, spokojnie i przede wszystkim razem. Zmiana, która się dokonuje, musi być prowadzona wspólnie z mężczyznami, nie przeciwko nim. Musimy pokazywać dobre przykłady. Owszem, od czasu do czasu potrzebny jest pewien skok i on się właśnie dokonał. Zmienia się świadomość, Kongres Kobiet parę lat temu wprowadził do debaty publicznej temat obecności kobiet na wysokich stanowiskach. Społeczeństwo zaczęło się przyzwyczajać.

Do kobiet w polityce?

Tak, do kobiet w przestrzeni publicznej. I panie, które w tej przestrzeni są, nie mogą się teraz poddać. Praca, którą wykonały, jest ważna. Proszę popatrzeć na biografię pani Merkel. Droga do jej obecnej pozycji to nie było pasmo zwycięstw. Zresztą, kwoty, a najlepiej parytet, służą również temu, żeby społeczeństwo przyzwyczaić do obecności kobiet w polityce i biznesie. A samym kobietom stworzyć warunki do zdobycia praktycznego doświadczenia, bo ich przygotowanie merytoryczne jest wystarczające. Statystycznie kobiety są lepiej wykształcone od mężczyzn.

W wyborach do Europarlamentu w 2014 roku pani Krzywonos otrzymała drugie miejsce na listach wyborczych, ale większy wynik uzyskał Jarosław Wałęsa, który był na miejscu ostatnim. W Warszawie z niższego miejsca lepszy wynik uzyskał Marek Jurek. Tezy są dwie: kwoty albo nie mają znaczenia, albo powinny być poszerzone o kolejne pola, o obecność w mediach.

Istnieją indywidualne przypadki osób, które są na tyle rozpoznawalne, że miejsce na liście nie gra żadnej roli. I to jest przypadek panów Jurka czy Wałęsy. Wyciąganie na ich podstawie wniosków dotyczących działania kwot czy parytetu, bo docelowo walczyłyśmy o parytet, a skończyło się na 35 procentach, nie ma sensu. To przypadek, który potwierdza regułę.

Jaka jest reguła?

Tam, gdzie wprowadzono kwoty, tam mamy większą reprezentację kobiet. Proszę porównać obecny Sejm z Senatem, gdzie obowiązuje inna ordynacja wyborcza. I bardzo ważne – kwoty nie dotyczą wyłącznie kobiet. To nie jest tak, że my chcemy zdominować scenę polityczną, wedrzeć się tu siłą. Kwota dotyczy reprezentacji konkretnej płci. Zależy nam na różnorodności, nie dominacji kobiet.

Gdybym na chwilę wyłączył życzliwość, powiedziałbym: Jasne, jasne, różnorodność... Sytuacja jest taka, że to kobiety mają uprzywilejowane, bo zapewnione ustawą, miejsca na listach wyborczych.

To proszę nie wyłączać życzliwości. Ustawa mówi o 35-procentowej reprezentacji tej samej płci, nie o 35 procentach kobiet. Jest bardzo duża i rosnąca grupa mężczyzn, którzy rozumieją, że różnorodność leży w interesie nas wszystkich. Odejdźmy na chwilę od polityki i skupmy się na kwotach w biznesie, bo tu nie ma ideologii, jest tylko ekonomia. Badania dowodzą, że te firmy, w których zarządach zasiadały kobiety – nie paprotki, mówimy o przyzwoitej reprezentacji kobiet – zdecydowanie lepiej poradziły sobie z kryzysem.

Ustawowo regulowane kwoty w biznesie. W zarządach spółek. I to mówi Pani, obok Leszka Balcerowicza, symbol wolnego rynku w Polsce!

Tu naprawdę nie ma ideologii, tylko bardzo racjonalne myślenie. Obok badań, moja własna obserwacja. Spotykają się panowie, którzy kończyli te same uczelnie, łączą ich te same zainteresowania, grają w tym samym klubie w golfa i piją tę samą whisky. I wypracowują podobne rozwiązania. To jest bardzo niebezpieczne, bo w dyskusji zawsze potrzebne są różne punkty widzenia. Tak jest w biznesie, tak jest w polityce, tak jest w rodzinie. Chodzi o różnorodność. Nasz kraj jest bardzo homogeniczny: biali, katolicy i tak dalej. Więc różnorodność otrzymujemy dzięki płci i to na niej się koncentrujemy. Ale kwoty to jedno, lepszy byłby parytet. Dlaczego tylko 35 procent, skoro podział w społeczeństwie jest inny? Stanowimy połowę.

Pani powtarza, że parytet to wciąż za mało, że potrzebny jest jeszcze suwak, naprzemienne układanie płci na listach wyborczych.

Tak, bo dopiero parytet i suwak dają gwarancję równego dostępu do miejsc na listach. Wciąż jest tak, że to mężczyźni podejmują decyzję o miejscach na listach wyborczych i przydzielają sobie te intratne.

Co w sytuacji, kiedy kobiet gotowych do pełnienia funkcji publicznych albo zasiadania w radach nadzorczych nie będzie? Będziemy obsadzać ludzi bez kompetencji. Ze szkodą dla wszystkich.

To nie jest problem kompetencji, tylko mentalności i przyzwyczajeń. Kobiety statystycznie posiadają lepsze wykształcenie niż mężczyźni,

ale brakuje im praktycznego doświadczenia, ponieważ stanowiska są blokowane przez mężczyzn. Kiedy przeprowadzana jest rekrutacja i płeć rekrutującego nie jest znana, częściej wybierana jest kobieta. Jeśli w procesie pojawia się nazwisko i wiemy, że to kobieta, to ona traci punkty. Dziewczyny przychodzą z MBA, z tytułami doktorskimi, a później pojawia się frustracja, bo lata przygotowań idą na marne. Natrafiają na blokadę. Inna rzecz to blokada w samych kobietach.

Pani mówi: „blokada w samych kobietach". A może one po prostu nie chcą i nie muszą?

Podczas pierwszych Kongresów Kobiet pytaliśmy: „To co? Która z pań startuje w wyborach? ". I w górze pojawiało się kilka nieśmiałych rąk. Teraz było ich bardzo dużo. I to jest nasz sukces, że kobiety zaczynają myśleć: „Dlaczego nie? W czym jestem gorsza?". W związku z tym, że kobietom brakuje doświadczenia, to noszą w sobie naturalną obawę, że sobie nie poradzą w męskim świecie, że zostaną ograne i wykorzystane. Więc sam fakt, że kobieta mówi „startuję", to jest wielka rzecz. Kwoty, parytet, suwak są narzędziami, które im to ułatwiają. Dlatego to jest tak ważne.

W Komisji Europejskiej toczą się prace nad dyrektywą dotyczącą polityki równości w radach nadzorczych.

I zobaczymy, co z tym zrobią politycy. Mamy rekomendację, że w spółkach Skarbu Państwa reprezentacja płci powinna wynosić minimum 30 procent. I co z tego? Wróćmy jeszcze do kwestii, czy kobiety chcą, czy nie chcą. Wśród szefów małych firm mamy mocną reprezentację kobiet, około 34 procent. Wśród samozatrudnionych nie ma dobrych kalkulacji, ale szacujemy, że jest ich więcej niż połowa. Im większa firma, tym mniej kobiet. Pytanie: dlaczego tak jest? Odpowiedzi już są. Same kobiety odpowiadają na to pytanie.

I co mówią?

Najczęściej, że obowiązki rodzinne, opieka nad dziećmi, opieka nad starszymi, to wszystko spada na nie. I statystyki to potwierdzają, bo kobiety spędzają średnio dwa razy więcej czasu na zajęciach domowych niż mężczyźni. W związku z tym – jeśli pojawia się wyższy szczebel, warunki korporacyjne, które narzucają, że o godzinie osiemnastej jest zebranie – to kobieta musi wybierać między pracą a dzieckiem. I wybiera dziecko.

To jest problem kultury organizacyjnej i tego, jak działa duży biznes. Ja jestem mężczyzną i chcę iść na wywiadówkę. To nie jest problem kwot i parytetu, tylko pracodawców. Wasz problem.

To jest problem kwot i parytetu. Możemy mówić o ideałach, ale realia są takie, że kiedy w ciałach kierowniczych są kobiety, to są bardziej elastyczne na potrzeby pracowników. Pan mówi: „Wy", ale w Konfederacji, jeśli ktoś przychodzi i mówi, że będzie od godziny dziesiątej, to dla mnie jest to zrozumiałe. Nie ma znaczenia, czy to jest mama, czy tata. I to są standardy, o których „my" mówimy. Pan natomiast ma rację, że to nie jest problem tylko kobiet, ale również kwestia zaangażowania mężczyzn w obowiązki domowe. I w młodszych generacjach, w Pana generacji, to zaczyna się dziać, ale dawniej było nie do pomyślenia.

To może warto jednak postawić akcent na edukacji mężczyzn? Na tym, że mogą pełnić funkcje opiekuńcze? Informować, jak to jest ważne dla samych dzieci? A nie bić się o te kwoty i suwaki.

Działania edukacyjne nie wykluczają kwot. Zmiana, o którą nam chodzi, nie dokona się bez wsparcia mężczyzn. Na szczęście jest coraz więcej panów, którzy rozumieją i popierają idee równości i różnorodności. Nie mówimy tylko o kwotach, ale również o urlopach ojcowskich. Kwoty nie są rozwiązaniem trwałym, obowiązującym permanentnie.

Małgorzata Fuszara mówiła, że mniej więcej cztery cykle wyborów wystarczają do tego, żeby kwoty przestały być potrzebne.

A później?

Udział kobiet w polityce i biznesie staje się naturalny. Sami mężczyźni nabierają przekonania, że nie tylko świat się nie zawalił, ale że to również ich interes.

Mówi Pani jednak, że kobiety nie mają praktycznego doświadczenia i muszą je zdobyć. Czas ich nauki i adaptacji to koszt, który wszyscy ponosimy. I nawet jeśli jest minimalny, to mamy przecież prawo oczekiwać, że politycy będą w pełni kompetentni już na starcie. Nie będą musieli się uczyć.

Nie życzę Panu, żeby Pan został politykiem, ale jeśli trafi Pan do Sejmu, to zobaczy Pan ludzi, którzy są tam czwartą kadencję i nadal brakuje im umiejętności. To nie jest tak, że jeśli mamy kwoty, to do polityki wchodzą kompletnie niedoświadczone kobiety. Patrzę na młode panie z Nowoczesnej i one mają swoje osiągnięcia, swój rekord i jak widać, doskonale zaczęły funkcjonować w realiach sejmowych. I to daje nadzieję na to, że nasza polityka się zmieni.

Kiedy mówimy „zdolności przywódcze", najczęściej myślimy – mężczyźni. Hardość, decyzyjność, skłonność do kontrolowanego ryzyka.

To stereotypy. Niestety, wszyscy im ulegamy. Mam dziewięcioro wnuków i kiedy chłopcy męczą wnuczkę, mówię: „Chłopaki, zachowujcie się, nie może tak być". Ale Zuzia, najbardziej waleczna z moich wnuczek, w pewnym momencie sama im dołożyła. I co ja na to? „Zuziu, jak ty się zachowujesz? Dziewczynce nie przystoi!".

Proszę uważać. To jest historia, za którą środowiska feministyczne wyślą Panią na stos.

Pokazuję jedynie, jak bardzo stereotypowe myślenie o płci jest w nas zakorzenione. Jestem osobą bardzo świadomą, zaangażowaną w sprawy kobiet, a mimo to są sytuacje, kiedy uruchamiają się pewne koleiny myślowe. Dziewczynka, kiedy ktoś ją walnie, powinna siedzieć cicho? Nie powinna. Musimy wykonać tytaniczną pracę, aby to zmienić.

Oho! Zaraz będziemy rozmawiać o edukacji gender.

Tak, bo bardzo mnie irytuje, w jaki sposób rozmawiamy o programach równościowych. Potrzebujemy zmiany, żeby tych stereotypów się pozbyć. Dlaczego w podręczniku nie może pojawić się ilustracja gotującego mężczyzny i kobiety, która pracuje przy komputerze? Dziecko powinno widzieć, że każdy człowiek, niezależnie od płci, może zająć się i jednym, i drugim.

To jest zabieranie się do problemu od końca, a przy okazji wchodzenie na bardzo niebezpieczny grunt sporów ideologicznych. Podręcznik nic nie da, jeśli w domu nie będzie mądrego przykładu. A mężczyzn z domu wyciągnął sektor prywatny. Najpierw rewolucja przemysłowa, a teraz korporacje.

I rozwiązaniem, które pozwoli mężczyznom wrócić do domu, jest współudział kobiet w polityce i biznesie. Dzielenie obowiązków. Nie ma nic bardziej fascynującego, fantastycznego niż wychowanie dziecka. I to jest coś, o co później można się oprzeć, poczuć spełnienie. Znam wielu mężczyzn, którzy zbudowali biznesy, zgromadzili olbrzymie fortuny, ale byli nieobecni w domu. Dla swoich dzieci są obcymi ludźmi. Ponieśli na tym polu klęskę. To nie są ludzie szczęśliwi.

Bywa, że mężczyźni nie wracają do domów, bo kobiety nie są w stanie tych domów utrzymać. W Unii Europejskiej kobiety zarabiają średnio 16 procent mniej niż mężczyźni. I to będzie kamyczek do Pani ogródka, bo to pracodawcy decydują o wysokości zarobków.

Rzecz w tym, że pracodawcy przede wszystkim liczą pieniądze. Siedemdziesiąt pięć procent ludzi znajduje zatrudnienie w sektorze prywatnym, większość w małych i średnich firmach. Dlatego potrzebny jest rozwój tych firm. Świat dużego biznesu ma już pewne reguły i stara się stosować zasady równościowe. W mikrofirmach jest wolna amerykanka i prosta zasada: dam tyle, żebym mógł przetrwać.

Statystyka, którą przywołuję, obejmuje całość zatrudnienia. Korporacje również. Te „dobre praktyki" to są widełki przeznaczane na stanowiska. Kobiety otrzymują ich dolną granicę.

Dzieje się niestety tak, że kiedy trwają negocjacje, na stole jest od sześciu do dziesięciu tysięcy, to przy tych samych kompetencjach mężczyzna żąda więcej. Stanowisko kobiety najczęściej jest takie, że „dobrze, mogłoby być więcej, ale niech będzie te sześć". Jest w postawie kobiet przekonanie, że jeśli pracodawca oferuje określoną kwotę, to należy ją przyjąć. Panie mają zdecydowanie zaniżone wyobrażenie o własnych kompetencjach, panowie – często zawyżone. Ale to jest konsekwencja stereotypów i złych modeli wychowania, o których rozmawialiśmy. I kiedy Pan mówi o kamyczku do mojego ogródka…

Mówię, bo bywa tak, że pracodawca płaci kobiecie mało, bo musi przetrwać, ale bywa i tak, że płaci mało, bo może. Kobieta nie ma odwagi negocjować, więcej zatem zostaje w pazernej kieszeni.

W moim ogródku, w Lewiatanie, mamy często sytuację odwrotną. Kobieta otrzymuje większą pensję, niż sama zaproponowała.

Otrzymuje lepsze wynagrodzenie, bo przynosi lepszy wynik. W samej Konfederacji organizujemy bardzo dużo szkoleń, które pokazują różnice w płacach. Bardzo wyraźnie mówimy, że konieczne są zmiany. I ta zmiana przyjdzie. Dzięki edukacji, którą realizujemy: i Lewiatan, i Kongres Kobiet, i inne organizacje. Kobiety podnoszą głowy. Wzrasta świadomość, że mogą oczekiwać więcej.

A może wystarczy, że wynagrodzenia będą jawne? Pracodawcy mają hopla na punkcie klauzuli poufności płac. Jestem pewien, że kiedy te dysproporcje będą widoczne gołym okiem, kobiety upomną się o swoje.

Nie jestem zwolenniczką jawności wynagrodzeń. Zwłaszcza u nas, gdzie wciąż niesiemy schedę poprzedniego systemu i informacja o tym, że ktoś zarabia więcej, budzi zawiść. To grozi konfliktami wewnątrz zespołów. Ale już Państwowa Inspekcja Pracy może sprawdzać wynagrodzenia na konkretnych stanowiskach i w protokołach pokontrolnych pokazywać, że przy tym samym stanowisku, tych samych kompetencjach, występują różnice płac. I ważne, żeby przedsiębiorcy stwarzali w firmach warunki do stawiania pytań: Dlaczego zarabiam tyle? Co muszę zrobić, aby zwiększyć swoje wynagrodzenie? Jakich kryteriów nie spełniam do podwyżki? System ocen jest piekielnie ważny.

I Lewiatan, i Pani osobiście domagacie się maksymalnej elastyczności form zatrudnienia. Zniesienia prawa, które chroni pracowników. A przecież podstawowy problem kobiet na rynku pracy to okrutny wybór pomiędzy pracą zawodową a macierzyństwem. Bez ochrony prawnej macierzyństwo oznacza utratę pracy. Po prostu.

Macierzyństwo nie musi oznaczać utraty pracy. Czasami pewne rzeczy pokazuję ostro, ponieważ po drugiej stronie one również pokazywane są ostro. Jakkolwiek uważam, że najważniejsze, aby kobiety miały prawo wyboru. Żeby te, które chcą być w domu, mogły tam zostać. I tu pojawia się kwestia wynagrodzeń dla nich. Tak jak pierwsza dama powinna mieć prawo do wynagrodzenia, tak kobiety, które opiekują się domem i dziećmi, również powinny je otrzymywać. Nie może być tak, że kiedy mężczyzna decyduje się odejść, kobieta zostaje z niczym.

I kto powinien to finansować?

Państwo, absolutnie. W mojej ocenie obowiązek państwa jest tutaj nie do zakwestionowania.

To jest bardzo łatwe, zrzucić odpowiedzialność na państwo. A może warto zawrzeć umowę społeczną, stworzyć fundusz, na który złoży się i państwo, i pracodawcy, i pracownicy, i trzeci sektor?

To jest wyjście, choć nie znam takiego modelu funkcjonującego na świecie. Nikt jednak nie mówi, że nie możemy takiego modelu stworzyć u nas, tak jak stworzyliśmy świetnie funkcjonującą Radę Dialogu Społecznego.

Mówimy o prawie wyboru: praca albo zostanie w domu. Ale to jest rezygnacja z jednej aktywności na rzecz drugiej. Wie Pani, dlaczego nie zdecydowałem się na urlop tacierzyński?

Bał się Pan, że nie będzie miał do czego wrócić.

Właśnie. A Pani postuluje rezygnację z istniejących, i tak średnio skutecznych, praw pracowniczych. Kobiety nie decydują się na macierzyństwo ze strachu przed utratą środków do życia i pozycji społecznej. Nie może być tak, że karzemy kobiety za macierzyństwo.

W Lublinie właścicielka pasmanterii zatrudniała trzy młode kobiety. Wszystkie w tym samym czasie zaszły w ciążę. Firma musiała zatrudnić trzy kolejne. Skutek był taki, że to przedsiębiorstwo padło, straciło rentowność. Wszyscy stracili pracę. Te kobiety, które po urlopie macierzyńskim chciały tam wrócić, również. Jak się zatrudnia trzy młode kobiety, trzeba mieć świadomość, że jest duża statystyczna możliwość, że one w tym samym czasie zajdą w ciążę i będzie problem.

Czyli nie zatrudniać młodych kobiet, bo mogą zajść w ciążę. To już nie jest karanie za macierzyństwo, tylko karanie za potencjalne macierzyństwo.

Nie, absolutnie. Rozwiązaniem jest właśnie polityka różnorodności. Gdyby w pasmanterii zatrudniono jedną młodą kobietę, jednego mężczyznę i osobę starszą, problemu by nie było. Teraz te panie i tak nie mają gdzie wracać, więc co im po ochronie prawnej.

Tak czy tak, ta jedna młoda kobieta zajdzie w ciążę. I zostawi firmę na rok.

Na więcej. Proszę wziąć pod uwagę, że teraz każda ciąża jest zagrożona i lekarze szastają zwolnieniami na lewo i prawo. Okres nieobecności w pracy z gwarancją powrotu na stanowisko można przedłużyć w skrajnym wypadku do sześciu lat. Nawet jeśli to jest rok, dwa, to później jest niesamowicie trudno wrócić. W samej pracy zmienia się bardzo dużo.

Pani wciąż mówi o interesie pracodawcy.

Nie, nieprawda. Chodzi o to, aby nie wylewać dziecka z kąpielą i zgodnie z przepisami, które mają chronić kobiety, czy w ogóle rodziców, nie działać przeciw nim. Niestety, kiedy mamy przegięcie z przepisami chroniącymi pracowników, to pracodawcy w ogóle nie zatrudniają kobiet, bo obawiają się, że te zaraz zajdą w ciążę. Kalkulują: zatrudnię tę dziewczynę, ona popracuje chwilę, a potem urlop. A tu niezwykle ważne jest to, aby rodzicom umożliwiać łączenie ról.

To ja poproszę o konkret. Jeden przykład.

Bardzo, ale to bardzo popieram funkcjonowanie żłobków i przedszkoli przy zakładach pracy, jak to zorganizował TVN. Oczywiście na to stać większe firmy. Dodatkowo, kiedy kobieta jest w domu i opiekuje się dzieckiem, firma powinna mieć z nią kontakt. To bardzo ułatwia powrót, a jednocześnie jest korzystne i dla pracodawcy, i dla pracownika. Pracownik-rodzic naprawdę jest efektywny. W Lewiatanie mężczyźni są wysyłani na przymusowe urlopy ojcowskie, tu nie ma dyskusji. I na koniec, choć to bardzo ważne, musimy stosować elastyczny czas pracy.

Agnieszka Graff, jedna z propagatorek feminizmu w Polsce, bardzo Panią za ten elastyczny czas pracy krytykowała. I jak słucham o tych korporacyjnych przedszkolach, to włączają mi się czerwone lampki, bo to jest kolejny krok do jeszcze większego uwiązania pracownika w firmie.

Nie, tu chodzi o komfort pracownika, który nie musi cały czas myśleć o domu. Może w każdej chwili zajrzeć do dziecka. Agnieszka Graff założyła, że pracodawca stoi przeciwko interesowi pracownika, chce go wykorzystać, będzie oczekiwał dyspozycyjności o każdej porze dnia i nocy. Tymczasem ja nie zgadzam się na taką wizję świata.

Proszę popatrzeć na przykład hipermarketów sprzed kilku lat. Pracownikom, głównie kobietom, odmawiano prawa

do skorzystania z toalety. Albo na to, jak traktowani są pracownicy w magazynach Amazona.

Lewiatan pokazuje, że nie musi tak być. Ten elastyczny czas pracy pozwala rodzicom zająć się dziećmi, a nam daje bardziej efektywnych pracowników.

Więc Lewiatan jest wyjątkiem, który potwierdza regułę.

To szukajmy takich rozwiązań, które uczynią z tego standard. Rozmawiajmy uczciwie. To, że taki świat idealny nie istnieje, nie znaczy, że nie możemy próbować dążyć do dobrych zmian, stworzenia lepszego świata. Nie tylko możemy, ale musimy.

Jeśli o stwarzaniu świata… Dwadzieścia sześć lat wolności. Skok cywilizacyjny, wiele niewyobrażalnych zmian. A przy tym bardzo dużo osób rozczarowanych. I można o jakości tych zmian rozmawiać, ale jedno zjawisko wydaje się bezdyskusyjne: żenujący poziom klasy politycznej.

Na początku transformacji klasę polityczną tworzyli ludzie mądrzy i wykształceni. Większość z nich dbała o swoją kondycję intelektualną, o kulturę języka. A środowiska gospodarcze to była czarna rozpacz. Dobrze to pamiętam, bo jako minister współpracowałam z tymi ludźmi. Oczywiście, pojawiały się wyjątki jak Mariusz Walter z Jankiem Wejchertem, ale poza tym: białe skarpetki, złote bransoletki, język ulicy. To był biznes, który nie wiadomo skąd się wziął. Większość tych panów później albo trafiła do więzień, albo wyjechała. Przez te dwadzieścia sześć lat stało się niestety tak…

…że role się odwróciły. Panowie zamienili się miejscami.

Poniekąd. Dzisiaj, kiedy spotykam się z przedstawicielami biznesu, to jest wielka przyjemność. Kompetentni, wykształceni ludzie. Znają języki i realia pracy międzynarodowej. Kiedy mam współpracować z politykami, nierzadko dostaję gorączki. Język tych panów, zachowanie, umiejętność odnalezienia się w nowych sytuacjach – dramatyczna niekompetencja.

Jeśli ktoś nie radzi sobie w innych obszarach, trafia do polityki, bo to są łatwe i względnie duże pieniądze. Proszę patrzeć na politykę samorządową, która coraz częściej staje się trampoliną do Warszawy.

Pełna zgoda. Niestety mamy negatywną selekcję polityczną. Oczywiście i w biznesie znajdą się malwersanci, to kwestia statystyki, ale w ogólnym rozrachunku jest naprawdę dobrze. To dotyczy również mniejszych firm. Ci ludzie nie lubią się pokazywać, bo wiedzą, że w Polsce sukces denerwuje. Niedawno spotkałam człowieka, który sprzedaje mrożone owoce morza. W tym momencie jego głównym rynkiem zbytu jest Japonia. Prowadzi firmę z córką, rodzinny biznes. Wie, co mówi, wie, co chce osiągnąć, bardzo rzetelny, ze świetnym doświadczeniem.

Więc może dobrze, że tak bardzo chcemy te światy od siebie oddzielać? Niech polityka nie przeszkadza biznesowi.

O ile małą firmę może prowadzić Pan niezależnie, to przychodzi taki etap rozwoju, gdzie współpraca z administracją jest konieczna. Potrzebujemy ludzi, którzy będą potrafili promować Polskę. Zabiegać o nasze sprawy. Dlatego zupełne rozchodzenie się polityki i biznesu jest niebezpieczne. Potrzebujemy procedur, które pozwolą na współistnienie tych dwóch światów. Ktoś, kto ma duży sukces w biznesie, powinien móc wpływać na decyzje polityczne, bo ma wiedzę i kompetencje.

To jest otwieranie furtki do tego, żeby biznes załatwiał swoje indywidualne sprawy.

Nie trzeba odkrywać Ameryki, żeby tu zachowywać standardy, również etyczne. Istnieją fundusze powiernicze, które umożliwiają ludziom z doświadczeniem biznesowym wejście do polityki i na czas sprawowania urzędu przekazanie zarządzania udziałami specjalnemu funduszowi. Wszystko już wymyślono i to funkcjonuje: w Stanach Zjednoczonych, w Niemczech, we Francji.

Andrzej Klesyk opublikował w „Wyborczej" szeroko komentowany esej o stanie polskiej edukacji. Pisał, że nie ma kogo zatrudniać, bo polscy absolwenci nie potrafią myśleć. Nie przypominam sobie, aby ten głos został poważnie potraktowany przez polityków.

Szczęśliwie młodzi ludzie sami zaczynają wyciągać wnioski. Przenoszą się na przykład z zarządzania na filozofię. Pracodawcy w końcu zobaczyli, że lepiej mieć kogoś, kto potrafi wyciągać wnioski, kojarzyć fakty, niż kogoś, kto reprezentuje konkretny kawałek wiedzy. Oczywiście, tu potrzebny jest balans.

Chce Pani powiedzieć, że ten „konkretny kawałek wiedzy" w ogóle nie jest potrzebny?

Nie jest aż tak ważny. Żyjemy w czasach, kiedy wiedza bardzo szybko się dezaktualizuje. W momencie, w którym człowiek kończy studia, spora część zdobytej wiedzy jest już nic niewarta. Potrzebujemy ludzi z otwartymi głowami. Uczestniczyłam niedawno w spotkaniu dotyczącym strategii Orange, zasiadam tam w radzie nadzorczej. I to było niesamowite, bo pokazano strategię przygotowaną kilka lat temu na lata 2011–2014. Technologia uległa tak dużej zmianie, że pomysły z 2011 roku były kompletnie nietrafione. Dlatego potrzebujemy

Żyjemy w czasach, kiedy wiedza bardzo szybko się dezaktualizuje. W momencie, w którym człowiek kończy studia, spora część zdobytej wiedzy jest już nic niewarta. Potrzebujemy ludzi z otwartymi głowami.

ludzi kreatywnych i energicznych, którzy będą w stanie zdobywać wiedzę na bieżąco. Świat zbyt szybko się zmienia.

To jest bardzo niebezpieczne. Ludzi kreatywnych i energicznych jest określony procent. Obok istnieją ci, którzy potrzebują jasnych ścieżek, standardów, poczucia bezpieczeństwa. Nie nieustannej zmiany.

Musimy się zmieniać, bo zmieniają się realia. Oczywiście, musimy ograniczać nieprzewidywalność do minimum. Tutaj bardzo ważne są standardy pracy, relacje pracodawcy i pracownika, o których mówiliśmy. Kiedyś śrubki wkręcali konkretni ludzie, dzisiaj robią to roboty. Już słyszymy o testach samochodów ciężarowych bez kierowców, więc ten zawód za chwilę przestanie istnieć. Cieszymy się, że mamy bankomaty, ale nie łączymy tego stanu z tym, że przestaliśmy potrzebować pań w okienku. I to jest dla nas wielkie wyzwanie, o którym w ogóle nie rozmawiamy. Ernst & Young pisał w niedawnym raporcie, że do 2035 roku przestanie istnieć czterdzieści siedem procent znanych dzisiaj zawodów. Trzeba być elastycznym. Pan jest na swoim, to Pan wie.

Wiem, jak bardzo ta potrzeba elastyczności jest niekomfortowa i trudna do udźwignięcia.

Kiedy postanowiłam założyć własną firmę, musiałam wziąć odpowiedzialność nie tylko za siebie i swoją rodzinę, ale również za pracowników. Za kilkadziesiąt osób, które stały się ode mnie zależne. Prowadzenie własnej firmy to niesamowity stres, bo obok potrzeby elastyczności są inne elementy: czy uda się podpisać umowę, czy zapłacą na czas, czy będzie można wypłacić pensje, czy wystarczy na wadium na kolejny projekt. Dlatego nic nie irytuje mnie bardziej niż jazgot kierowany pod adresem przedsiębiorców.

Pani krytykuje politykę, która chce stawiać na małe i średnie przedsiębiorstwa. Gdzie ludzie mają uczyć się przedsiębiorczości, jeśli nie tam?

Wsparcie dla małych i średnich firm jest potrzebne, ale nie może odbywać się kosztem dużego biznesu. Zwiększenia zatrudnienia, innowacyjności. Tego wszystkiego nie zrobimy przez mikrofirmy. Musimy mieć duży biznes, który będzie to ciągnął.

Małe firmy mają w tym momencie połowę udziału w naszym PKB!

Wszystkie badania pokazują, że bez rozwoju dużych firm, które stać na inwestowanie w badania i rozwój, małe zatrzymują się na pewnym poziomie. I nie można ruszyć dalej. Te 50 procent PKB bez dużych firm nie ma szans na skok rozwojowy.

To nie zawsze i nie w każdym sektorze musi być inwestycja dużej firmy. Sklepy lokalne, które obrywały na lewo i prawo od hipermarketów, łączą się w sieci. Dzięki temu mogą konkurować cenami.

I wygrywają obsługą klienta. Naprawdę wolę kupić coś w lokalnym sklepie niż w wielkim markecie, gdzie biegam od lady do lady. To jest doskonały model. Rzecz w tym, że mamy ogromne zaniedbania systemowe. Trzeba stworzyć mechanizmy zachęt, aby ci ludzie funkcjonowali na rynku razem. Piętnaście sklepów, jeśli stworzy wspólny budżet, jeden szyld, może inwestować w marketing, w nowe produkty, negocjować lepsze ceny. Ale to się dzieje bardzo rzadko.

Bo nie uczymy nowej przedsiębiorczości. W liceum przez trzy lata katowano mnie krzywą Laffera! I tyle.

Ale ja się z Panem zgadzam! Biznes na zapinkę był dobry na początku lat dziewięćdziesiątych. Musimy z niego wyjść. Ludzie umieją prowadzić sklepy, teraz muszą iść o krok do przodu. Oczywiście część osób zostanie z tyłu albo sobie nie poradzi.

To jest myślenie ludzi biznesu, którego nie potrafię zaakceptować. I to jest problem naszej transformacji. Narracja: trudno, odpadli z gry. Darwin! Promujemy silnych, kreatywnych, a świat jest tak ułożony, że są ludzie słabsi, za których trzeba wziąć odpowiedzialność. Nie bierzemy i po dwudziestu sześciu latach mamy kraj nierówności.

Żadne statystyki, ani nasze krajowe, ani zagraniczne, nie potwierdzają tezy o tym, że w Polsce rosną nierówności. To, co jest naszym problemem, to obszary biedy, i tu trzeba podejmować mądre działania. Frustracja, której jest teraz dużo, wynika stąd, że ludzie kończący studia, oczekują na dzień dobry bardzo dużych stawek. Zanim wykażą się kompetencjami i zdobędą doświadczenie. Inna bajka to standardy tych studiów. Drugi rodzaj frustracji wynika stąd, że o ile dawniej porównywaliśmy się do Węgrów czy Czechosłowacji, to dzisiaj patrzymy na Niemcy.

Wniosek: nasza frustracja wynika z tego, że mamy aspiracje. Mamy nie mieć?

Fantastycznie, że mamy aspiracje i chcemy zarabiać więcej. Wracamy do mikrofirm, z którymi nie zrobimy skoku cywilizacyjnego. Nasza ogólna efektywność jest o połowę mniejsza niż efektywność Niemiec. Trudno oczekiwać drastycznego wzrostu wynagrodzeń.

Pracujemy więcej i dłużej niż większość krajów Unii Europejskiej.

To nie ma znaczenia, gdy ten czas jest źle wykorzystywany. Jeżeli ktoś przychodzi do pracy i zadania, które mógłby wykonać w godzinę, robi przez cały dzień, to czego można oczekiwać? Ale to jest jednak mniejszość, polscy pracownicy są zaangażowani. Problem tkwi w czym innym. Jeśli nie postawimy na inwestycje i rozwój nowych technologii, to wciąż będziemy w ogonie. I frustracja będzie narastać. Będziemy pracować jeszcze dłużej. Bo tu nie chodzi o nasz stosunek do pracy, ale narzędzia, które pozwalają zwiększać efektywność. To jest mój zarzut do klasy politycznej: nie stworzono żadnej wizji tego, jakim krajem chcemy być. Chcemy być Niemcami? To zastanówmy się, co trzeba zrobić.

Tyle że tych ludzi sfrustrowanych i tych ludzi z obszarów realnej biedy jest dużo. I oni dokonują wyborów politycznych. To jest niebezpieczne. I to jest zagrożenie dla nas wszystkich. Zawsze wygra ten, kto obieca złote góry.

Zamiast państwa opiekuńczego potrzebujemy dobrej, rzetelnej edukacji. Moja fundacja Prymus od lat wspiera dzieci z obszarów biedy. Na początku to była jedna wieś, teraz gmina. Spotykam tam ludzi, rozmawiam z nimi. Jest bardzo wiele osób, które żyją w mniejszej lub większej patologii, żywi ich renta, trudno ich zmobilizować do pracy. Ale jeśli się z nimi rozmawia partnersko, nie traktuje z góry, nie gra, to oni są gotowi wejść w bardzo wiele inicjatyw. Tego potrzebujemy, nie obietnic. Oczywiście zawsze będzie jakiś margines tych, którzy powiedzą: nie, nie chcę.

Obok ludzi z biedy wyuczonej, pokoleniowej, są ludzie, którzy stracili pracę i nie odnaleźli się w nowej rzeczywistości. Znaleźli się poza społeczeństwem.

Ale tu znów oskarża się o coś sektor prywatny, czego ja nie rozumiem. To jest problem urzędów pracy. Państwo nie było w stanie stworzyć systemu, który by tych ludzi uczył nowych kompetencji. Teraz zaczyna się coś zmieniać, bo pojawiły się prywatne agencje zatrudnienia.

Osobiście chciałbym, żeby to robiły związki zawodowe: organizowały szkolenia, pomogły zdobywać kwalifikacje, otaczały opieką rodziny pracowników – byłych i obecnych.

O tym chciałam Panu powiedzieć. Bardzo często pokazujemy, że stopień uzwiązkowienia Skandynawii to 80 procent.

Administracja w Polsce to zawsze „oni". Najpierw zabory, później komunizm. W związku z tym mamy głęboko zakorzeniony brak zaufania do państwa. Każde nowe rozdanie polityczne to zmiana kadr.

Ale to są kompletnie inne związki.

Właśnie. Kiedy firmy upadają, związki pomagają w adaptacji do nowych zajęć. Tam są kasy zapomogowe i ubezpieczenia. Współpraca między związkami a pracodawcami wygląda zupełnie inaczej. I jeśli Pan wcześniej mówił, że pracodawcy powinni składać się na fundusz dotyczący finansowania kobiet opiekujących się domem… Z nami nie ma problemu, my się składamy: Fundusz Gwarantowanych Świadczeń Pracowniczych, Fundusz Pracy. Owszem, są kraje, gdzie funkcje pomocowe spełnia państwo, dobrze działa administracja francuska, ale u nas to się nie uda. Związki zawodowe mają swoją lekcję do odrobienia.

Z jednej strony mówi Pani, że państwo nie spełnia swoich obowiązków, z drugiej, że administracja w Polsce nie ma możliwości ich spełniać.

Administracja w Polsce to zawsze „oni". Najpierw zabory, później komunizm. W związku z tym mamy głęboko zakorzeniony brak zaufania do państwa. Każde nowe rozdanie polityczne to zmiana kadr. Więc zamiast inwestować w rozwiązania socjalne, trzeba inwestować w tych ludzi, którzy będą stwarzać miejsca pracy, zmieniać warunki. Kiedy Pan mówi o tych połączonych sklepikarzach… Dla nich powinno znaleźć się wsparcie, fundusz.

Pieniądze?

Tak, trzeba dać im pieniądze na rozwój.

Ale to jest ingerencja państwa w gospodarkę. Trzecia droga.

Jest. Ale to się sprawdza.

Jestem bardzo zdziwiony. Każdy wywiad z Panią, a już na pewno głośny wywiad Sroczyńskiego, to Henryka Bochniarz, zimna kapitalistka.

Grzegorz Sroczyński robił w tym wywiadzie swoje, a ja swoje. Był konflikt i tarcie, dwie skrajności. Chociaż mam wrażenie, że wiele osób przeczytało tylko pierwszą jego część, nie zważając na drugą, gdzie mówiłam o potrzebie reformy kapitalizmu i samoograniczenia się biznesu. Gdzie krytykowałam ogromny rozdźwięk między pensjami menedżerów a szeregowych pracowników.

W tej rozmowie pojawił się zarzut, że Lewiatan to nie jest *think tank*, organizacja, która proponuje rozwiązania dobre społecznie, ale biznesowe lobby.

Proszę zobaczyć, ile rozwiązań dobrych społecznie proponowaliśmy i jak wiele z nich trafiło do kosza. Działając na rzecz lepszych warunków prowadzenia działalności gospodarczej, wspieramy cały sektor prywatny, w tym mikro-, małe i średnie firmy. Jesteśmy transparentni, karty są na stole. Reprezentowanie sektora prywatnego to nasz cel. O to chodzi!

Więc jednak. Własny interes.

Sektora. Jeśli ktoś udowodni, że broniliśmy kogoś, kto chciał załatwić swój własny, prywatny interes, to ja zrezygnuję. Walczymy teraz o refundację leków. Ma Pan polskie firmy farmaceutyczne, które są zmuszane do obniżania cen, nie zamyka im się budżet. A i tak mamy najtańsze leki w Europie.

I emerytów, których na te leki nie stać. Jest konflikt społeczny.

Jest. Ale jeśli zabijemy firmy, w których pracuje sto tysięcy ludzi, to będziemy uzależnieni od zagranicznych koncernów. I co wtedy? Niestety, brakuje przestrzeni do rozmowy. Politycy mówią „dobrze, załatwimy", a później nic się nie dzieje.

I wracamy do punktu wyjścia: słabej klasy politycznej.

Tak, niestety. Ale to się będzie zmieniać. Dzięki zmianie pokoleniowej i różnorodności. I dzięki obecności kobiet w przestrzeni politycznej również.

Henryka Bochniarz – *prezydent Konfederacji Lewiatan, współtwórczyni Kongresu Kobiet. W 1991 roku sprawowała urząd ministra przemysłu i handlu w gabinecie Jana Krzysztofa Bieleckiego. W 2005 roku jako kandydatka bezpartyjna ubiegała się o urząd prezydenta Polski (poparcia udzieliła jej Partia Demokratyczna). Laureatka wielu nagród, między innymi nagrody im. Andrzeja Bączkowskiego za szczególny wkład w rozwój dialogu społecznego w Polsce i działania ponad podziałami politycznymi.*

W rozmowie telefonicznej zastrzegła, że wszystko, co ma do powiedzenia, zostało już powiedziane.
Spotkaliśmy się przy scenie kameralnej Starego Teatru.
– Pani Aniu, okrutnie się pani boję.
– Mnie? Ja jestem normalna kobieta.
Rozmawiałem więc z Anną Dymną, normalną kobietą, a w międzyczasie zadzwoniła Janina Ochojska („Jak się czujesz, Janeczko? Musimy się trzymać!") i wariatka („Muszę odebrać, to wariatka, już nie mam siły, ale z nią nikt inny nie chce rozmawiać"). Później dzwonił syn („Kupię mu piżamę, a co, matka jestem").

Pomaganie to jest zwykła rzecz

Rozmowa z Anną Dymną

Kiedy człowiek umiera, nie wolno pytać, w jakiego Boga wierzy albo na kogo głosował. Trzeba pomagać. I wtedy muszę być jak czołg. Jak muł. Muszę być zrobiona ze stali.

Pani to jest taka Matka Boska z lukru.

Ze mną jest tak, że odkąd mam fundację, to albo dostaję anonim: „Ty k****, po co pieniądze na debili wydajesz? Słodką twarzyczką naród okradasz!", albo jestem Matką Boską. Tego drugiego jest więcej, choć też mam z tym kłopot i to daje do myślenia. Przecież jestem normalna. Dla mnie pomaganie to jest zwykła rzecz, odruch jak oddychanie. Jeśli ktoś się wywraca, pomagamy wstać, kiedy jest głodny, podajemy kromkę chleba. Dlaczego ocenianie tych odruchów budzi tak skrajne emocje? Jest albo podejrzane, albo nieomal święte?

I na normalność ludzie tak reagują? Że „ty k**"?**

Kiedy otwierałam fundację, poprosiłam Jurka Owsiaka, by mi dał jakieś wskazówki, powiedział, co mnie czeka. Nie znaliśmy się jeszcze dobrze. I Jurek mówi: „Anka, mądra jesteś, silna, dasz sobie radę. Musisz tylko pamiętać, że kiedy zaczniesz robić ważne i dobre rzeczy, niektórzy zaczną cię atakować. Musisz być niezłomna".

Miał rację?

Uczę się wszystkiego codziennie. Staram się być konsekwentna, przejrzysta w działaniu, przede wszystkim wiem, po co założyłam fundację, komu pomagam i nie daję się zniechęcać, zrażać – mimo wszystko. Łatwo nie jest. Na początku niektórzy patrzyli podejrzliwie. Dymna się starzeje, pewnie nie ma dla niej ról, nie ma jak zarabiać, to założyła fundację, żeby łatwo i dobrze żyć. Ten głos wracał przez pierwsze lata. Później ludzie już wiedzieli, że jestem wolontariuszką w swojej fundacji. Za działanie w niej nigdy nie chciałam i nie brałam pieniędzy. I nigdy nie będę ich brać.

Dlaczego? Przecież Pani wykonuje konkretną pracę.

To, co tu robię, wymaga radości i oddania. Gdybym miała przeliczać ten wysiłek na pieniądze, nie miałabym siły. Po prostu. Poza tym jestem wciąż na etacie w teatrze, uczę studentów… Tam zarabiam, to mój zawód i do tych obowiązków zawodowych muszę dostosowywać zajęcia w fundacji. Gdybym brała pieniądze za pracę w fundacji, to nie byłoby w porządku. Zresztą to, co dostaję od moich podopiecznych, jest dużo cenniejsze od wszystkich pieniężnych wynagrodzeń.

A ludzie i tak…

A ludzie i tak mówią, co chcą. Oceniają, nawet nie wiedząc dokładnie, czym moja fundacja się zajmuje. Ich agresja jest smutna. Ale staram się ludzkie opinie przyjmować ze spokojem, choć czasami jest ciężko i płakać się chce. Widać tak musi być. Jakiś czas temu organizowaliśmy wyprawę osób niepełnosprawnych na Kilimandżaro. Nie pojechałam z nimi, żeby uniknąć oskarżeń o to, że założyłam fundację, by za darmo jeździć po świecie. Jest niestety tak, że robienie dobrych rzeczy budzi w ludziach agresję.

Pani tę agresję rozumie?

Przyglądam się temu. Namówiono mnie kiedyś na założenie konta na Naszej Klasie. Któregoś dnia przygotowałam trzy informacje. Pierwsza: „Drogi Przyjacielu, dziękuję ci, że biegłeś na rzecz mojej fundacji. Każdy Twój krok to uśmiech mojego podopiecznego”. Druga mówiła o Salonach Poezji i roli słowa. Trzecia o tym, że u mnie w domu pięknie pachnie grzybami, bo właśnie wróciłam z lasu…

I runęła lawina.

Najwięcej reakcji wzbudziła pierwsza wypowiedź. Ktoś napisał, że nie jest żadnym moim przyjacielem. Wulgarnie. Poniżej pojawiło się tysiące wpisów, jatka. Jak uszkodzony musiał być ten człowiek, skoro zdenerwował go zwrot „Drogi Przyjacielu"? Pomyślałam, że ludzie są bardzo samotni. Odpisałam wtedy: „Drogi Przyjacielu, jeśli sprawia Ci ulgę, że mnie tak opluwasz, jeśli Tobie to jest potrzebne, mogę i do tego służyć". Puenta była zdumiewająca, bo ten człowiek przeprosił mnie po kilku godzinach opluwania i napisał, że mi się to nie należało. Był przekonany, że ktoś się pode mnie podszywa.

I jak tu nie mówić, że z Pani Matka Boska.

Człowiek, któremu się źle żyje, którego ktoś zranił, który jest samotny, musi się na kimś odegrać. Napluć. Kompleksy, samotność to straszliwy motor napędowy agresji. Dymna, taka piękna, bogata, trzeba opluć. Ludzie nie wiedzą, że żyję zwyczajnie, ciężko pracuję, że mam różne dotkliwe problemy zdrowotne, jak każdy starzejący się człowiek, który całe życie uprawia kontuzjogenny zawód. Myślą, że jestem milionerką. Kiedy podejmujemy się jakiegoś działania, jedni to szanują i wspierają, drudzy – chcą zabić. Czasami tylko dlatego, że im nikt nie pomógł. Na szczęście mam wokół siebie wspaniałych ludzi, którzy mi pomagają, radzą, mogę na nich liczyć. A ci, którzy tak opluwają, pewnie są nieszczęśliwi po prostu.

Tym drugim nie chce Pani oddać? Tak po ludzku?

Miałam mądrych rodziców, nauczycieli. Byłam żoną Wiesława Dymnego i to był niezwykły człowiek. Powiedział kiedyś: „Ania, jeśli uda ci się zostać znaną aktorką, to pamiętaj, że całe życie będziesz słyszała o sobie niestworzone rzeczy. Nigdy nie zaprzeczaj, nie tłumacz się. Bądź uczciwa i rób swoje. Najwyżej się dziw. To jedyna reakcja. Najgorzej, jak oddasz, bo to wraca. Oddając, stajemy się tacy sami. Nie można na to pozwolić".

Dobro wymaga niezłomności. Czego jeszcze?

Pokory. Nie możemy dać się sprowokować. To bywa trudne, bo nasza praca często spotyka się z oskarżeniami. Mało osób wie, jaką cenę przychodzi nam płacić. Na szczęście nie uważam, żebym robiła coś bohaterskiego. W dodatku daje mi to radość i sprawia, że moje życie ma głębszy sens. I raz jeszcze: pomaganie jest czymś normalnym. Mówimy o rzeczach, które są bolesne – one dominują w naszej rozmowie. A przecież tak naprawdę jest ich mniej od tych dobrych i budujących. Nie lubię zajmować się złem, ono niszczy.

Zostańmy jeszcze chwilę przy tym trudnym. Bywa i tak, że Pani słyszy, że wchodzi w nieswoje buty.

Od trzynastu lat prowadzę program „Spotkajmy się". Telewizja ma z nim chyba problem, bo emituje go rzadko i w najgorszych czasach antenowych. No ale tam nikt przed kamerą nie tańczy, nie śpiewa. Słyszałam, że jest mało atrakcyjny – siedzi Dymna i rozmawia z jakimiś chorymi. Ale to czysta misja, więc program się utrzymuje. Dla mnie to najtrudniejsza rzecz, jaką w życiu robiłam. Sprawa delikatna, skomplikowana. W dodatku ogrom pracy: zdobywanie wiedzy medycznej, zaufania gości, których nie można skrzywdzić.

Trzynaście lat formatu w telewizji to szmat czasu.

Często problemy, których dotykam podczas rozmów, zupełnie mnie przerastają. Ale wiele osób przez lata prosiło, bym za wszelką cenę robiła te programy, bo są bardzo ważne i potrzebne. Czesław Miłosz oglądał każdy odcinek. Przyjaźnię się z wieloma lekarzami… Oni pomagają mi czasem znaleźć rozmówców i dają mi odwagę, by nadal robić ten program. Wiele lat przyjaźniłam się z profesorem Andrzejem Szczeklikiem, wielkim lekarzem i humanistą. Twierdził, że takie rozmowy są bardzo cenne, bo lekarze mają coraz mniej czasu na spokojną rozmowę z pacjentami.

W styczniu w Białymstoku średni czas wizyty pacjenta w gabinecie wynosił cztery i pół minuty.

Profesor Szczeklik powiedział mi: „Pani wypełnia lukę, bo ja mogę mieć wiedzę, jak wyleczyć chorobę, ale ja często nie wiem, jak ona boli, a pani wie". Programu nie może prowadzić lekarz ani psycholog. Tam muszę zapomnieć o tym, co mądre, i pytać jak zwykły człowiek: „Co to za choroba?" „Jak boli?" „Jak ci jest?". I ludzie mówią: „Boże, pani z nami normalnie rozmawia". Są oczywiście tacy, którzy twierdzą, że wchodzę do ich ogródka. I choć to nie ma ze mną nic wspólnego, spotykam się ze sprzeciwem. I jeszcze państwo. Czasami mam poczucie, że jesteśmy traktowani jak rywal.

Rywal państwa?

Tak, że fundacja rywalizuje. Pytam ministrów: „Jak to jest możliwe? Przecież nie mówię, że kogoś wyręczam albo ktoś inny powinien się tym zająć. Po prostu widzę, że się dzieje krzywda, i biegnę pomóc. Dlaczego traktujecie mnie, jakbym wam coś zabierała?". Czasami mam wrażenie, że państwo z nami wręcz walczy.

Ksiądz Jacek Stryczek powiedział kiedyś, że jak w Polsce ktoś zajmuje się dobroczynnością, to dla państwa jest podejrzany.

Dobrze, że jesteśmy pod kontrolą. W fundacji co roku przeprowadzane są audyty, które sami opłacamy. To ważne, bo jestem tylko człowiekiem

i mogę popełnić błąd. Kontrola jest po to, aby go wskazać i pomóc naprawić. Tyle że u nas jest tak, że ustawy można interpretować. Kiedy zinterpretujemy na korzyść fundacji, powiedzą, że kradniemy. Kiedy na niekorzyść, zarzucą nam niegospodarność. I nie rozumiem, dlaczego to nie może być jasne. Cały czas musimy się tłumaczyć, że nie jesteśmy złodziejami. Znam naprawdę ogromną liczbę fundacji: działają jasno i przejrzyście. Oczywiście są i takie, które zakłada się po to, żeby ktoś miał etat. Są też ludzie, którzy coś niezbyt uczciwie kombinują. Zresztą media zawsze bardzo głośno o tym mówią. Jeden taki przekręt rzuca cień na działania wszystkich fundacji.

Przecież politycy uwielbiają ogrzewać się w blasku akcji charytatywnych.

Najwięcej dzieje się przed wyborami. Przychodzą do mnie wszystkie partie. Jest w tym coś obrzydliwego. Pomagam ludziom i nie mogę być stroną w polityce. Muszę współpracować z rządem i prezydentem, niezależnie od opcji politycznej. Muszę być od tego wolna, bo jak człowiek umiera, nie wolno pytać, w jakiego Boga wierzy albo na kogo głosował. Trzeba pomagać. I wtedy muszę być jak czołg. Jak muł. Muszę być zrobiona ze stali. Nie tylko ja, ale Janeczka, Ewka, moje przyjaciółki [Janina Ochojska, prezes PAH, i Ewa Błaszczyk, współzałożycielka Fundacji „Akogo?" – przyp. red.]. Jeśli zniewoli mnie polityka, to moja fundacja przestanie działać. Cztery lata wątpliwych korzyści, a potem mnie zostawią. Zresztą… Mnie mogą…

Panią mogą?

Mnie mogą, ale co z moimi podopiecznymi? Bezradnymi. Oni nawet o pomoc nie umieją prosić. Dlatego musimy być twardzi. Dopóki oddycham, będę się zajmowała ludźmi niepełnosprawnymi intelektualnie. Teraz przechodzę bardzo trudną próbę. Jedyna rzecz, jaką dostałam od państwa – walczyliśmy o to przez dziesięć lat – to ziemie po wojskach rakietowych. Tysiące rozmów, wszyscy mówili: głupia, nie dasz rady. Udało się. Budujemy duży, piękny ośrodek dla ludzi z całego kraju. Dla takich, którzy nie mają siły żyć. Chcemy im te siły przywracać. I czuję się jak Syzyf, bo w połowie budowy pierwszego budynku przyszło pismo, aby wstrzymać wszystkie działania na tym terenie, ponieważ to jedna z lokalizacji elektrowni atomowej. Naprawdę rozumiem, że bezpieczeństwo energetyczne kraju ma priorytet, ale tak się nie robi. Dostałam ziemię na trzydzieści lat, wydałam już kilka milionów społecznych pieniędzy i… to się zupełnie nie liczy. Pytam: „Co mam zrobić z tym rozpoczętym budynkiem?" i słyszę odpowiedź: „Pani zrobi, co pani chce".

Ale ta inwestycja w końcu ruszyła.

Nie. Ośrodka jeszcze nie zaczęłam budować. Czekają plany i teren jest przygotowany, ale wciąż obowiązuje odgórna blokada. Skończyliśmy tylko budowę pierwszego budynku – warsztatów terapeutycznych dla osób niepełnosprawnych z gminy Choczewo. Był już w połowie postawiony. Gdybym wstrzymała budowę, wszystko by zniszczało. W dodatku musiałabym zapłacić kary i oddać pieniądze unijne… Dostałam dotacje na cieplne pompy głębinowe, które już były zainstalowane. Wiedziałam, że nawet jeśli powstanie elektrownia, to nie wcześniej niż za dwadzieścia lat. Pomyślałam, że w ostateczności elektrownia będzie mieć piękny budynek administracyjny.
W listopadzie otworzyliśmy warsztaty. Mamy na razie dwadzieścioro podopiecznych. Z czasem przyjmiemy ich dużo więcej. Będą się tu rehabilitować, by kiedyś móc pracować w całorocznym ośrodku terapeutycznym dla osób niepełnosprawnych z całej Polski. Wierzę,

że go wybudujemy. Dzisiaj już wiadomo, że elektrowni w tym miejscu nie będzie. Przeprowadzono badania i po dwóch latach odkryto, że w tamtym miejscu jest ruchoma wydma, Natura 2000 [europejski program ochrony przyrody – przyp. red.] i nie da rady.

Niezłomność, pokora. Coś jeszcze?

Fundacja musi mieć priorytety. Musimy bardzo konkretnie wiedzieć, komu pomagamy. Nie można pomóc każdemu. I odkrywam w sobie coś, czego wcześniej nie widziałam. Im bardziej ktoś mnie chce zniechęcić, tym bardziej coś we mnie twardnieje. A właśnie, że dam radę! Z zaciśniętymi zębami! Prawdopodobnie od moich niepełnosprawnych się tego nauczyłam. Oni odbijają się od cierpienia. Ja często od marazmu i nienawiści.

Musimy pracować nad normalnością w stosunkach między nami a ludźmi, którzy są inni. Ci inni byli kiedyś pozamykani, nie było ich widać. W latach 70. wyjechałam do Londynu. Uderzyło mnie, że tam na ulicach jest tylu niepełnosprawnych. W Polsce byliśmy od tego kompletnie odizolowani.

Plac zabaw. Przychodzi mama z chłopcem z zespołem Downa. Chłopiec płacze, bo piasek nie taki, jak powinien, ale szybko się uspokaja. Dzieci nie mają z nim problemu. Inni rodzice owszem.

To przeraża. Musimy pracować nad normalnością w stosunkach między nami a ludźmi, którzy są inni. Ci inni byli kiedyś pozamykani, nie było ich widać. W latach siedemdziesiątych wyjechałam do Londynu. Uderzyło mnie, że tam na ulicach jest tylu niepełnosprawnych. W Polsce byliśmy od tego kompletnie odizolowani. Wie Pan, że dzieci w ogóle nie mają problemu z kalectwem? Pytam Anki Krupy (nie ma rąk), czy miała jakieś problemy w szkole. Z dziećmi nigdy. Przyzwyczaili się. Dla nich była normalna.

To dzieci. A dorośli?

W szkołach problem mają nauczyciele. Są kompletnie nieprzygotowani. Syn mojej przyjaciółki jest dzieckiem autystycznym. I pani w pierwszej klasie mówi: „Jesteście w szkole integracyjnej. Na świecie są dzieci normalne i nienormalne. Jasiu właśnie jest nienormalny".

Znam rodziców, którzy nie życzą sobie, żeby ich dzieci uczyły się z dziećmi niepełnosprawnymi.

I nauczyciele kompletnie nie potrafią sobie z tym poradzić. Ludzie nie zdają sobie sprawy, ile ludzie niepełnosprawni mogą nam dać. Dzieci w takiej klasie uczą się współodczuwania, życzliwości, pomocy. Normalnych odruchów. I to nie jest teoria. Ci, którzy mi pomagają, często mówią, że chodzili do szkoły z osobami niepełnosprawnymi. Dzięki temu wiedzą, jakie to jest ważne. Największy błąd to tworzenie szkół integracyjnych. Każda szkoła powinna taka być.

Szkoły są nieprzystosowane.

Jedna szkoła potrafi się przystosować, a inna nie? Jeśli w danej dzielnicy urodziło się dziecko niewidome, dlaczego musi jeździć daleko, do szkoły specjalnej, mieszkać poza domem? Są dzieci z porażeniem mózgowym, które są bardzo inteligentne. Wystarczy im ułatwić pobieranie nauki. To jest droga do tego, aby relacje z osobami niepełnosprawnymi uległy zmianie. Ludzie boją się tego, czego nie znają. Widział Pan nasze spoty o jednym procencie?

Te 30-sekundowe? Z Maćkiem Stuhrem?

Tak. Z Maćkiem i Anią Krupą. Z Mają Ostaszewską, Antkiem Pawlickim. Sama wymyślam te spoty i tam zawsze odwracam narrację. Maja próbuje iść z zawiązanymi oczami, pomaga jej niewidomy. Antka Pawlickiego w ostatniej chwili spod kół samochodu wyciąga chłopak na wózku. Odwracam, bo taka jest prawda. Ludzie niepełnosprawni kiedyś nas uratują.

My oddalamy się od siebie, nienawidzimy, jesteśmy coraz bardziej przestraszeni, biegniemy. Ludzie niepełnosprawni nie mogą biec i zatrzymują w sobie prawdziwe wartości i sens. Już nie mówię o ludziach niepełnosprawnych intelektualnie, którzy niczego nie mogą zepsuć umysłem. My potrafimy zepsuć wszystko, oni świat rozumieją sercem i dzięki temu zachowują w sobie najpiękniejsze człowieczeństwo.

Litość wypływa z braku umiejętności. Człowiek jest poruszony, chce pomóc, ale nie wie jak. I zaczyna robić głupoty. Dlatego walczę o normalność. Trudno powiedzieć komuś, kto porusza się na wózku, że daje w kość. A ja to mówię. Już się nauczyłam.

Czasem reagujemy lękiem, czasem – litością.

Litość wypływa z braku umiejętności. Człowiek jest poruszony, chce pomóc, ale nie wie jak. I zaczyna robić głupoty. Dlatego walczę o normalność. Trudno powiedzieć komuś, kto porusza się na wózku, że daje w kość. A ja to mówię. Już się nauczyłam. Pytam niepełnosprawne dzieci, co je najbardziej upokarza w szkole. I dziewczyna z porażeniem mózgowym mówi: „Nikt ode mnie nic nie wymaga. Mają ze mną kłopot, mówię powoli, więc machają ręką. Masz czwórkę, koniec". To upokarza, bo oni chcą naprawdę walczyć i wygrywać. To nie może być tak, że dajemy balonik, głaszczemy po głowie, i tyle.

Sami rodzice dzieci niepełnosprawnych tak często robią.

Trudno być rodzicem dziecka niepełnosprawnego w Polsce. Państwo źle im pomaga. Często nie ma żadnej pomocy psychologicznej, żadnej porady, rodzice muszą siłą wyrywać informacje o pomocy, która im się należy. Potrzebujemy lepszego orzecznictwa. Jeśli dziecko wymaga pełnej, całodobowej opieki, to oczywiście matka ma prawo oddać je do specjalnego ośrodka, a państwo ma obowiązek się nim zająć i za to płacić. Ale to matka kocha dziecko i nikt inny nie da mu tego, co ona. Jeśli kobieta decyduje się zrezygnować z pracy, zaopiekować dzieckiem w domu, to państwo powinno – bez łaski i walki – zająć się taką matką, dać jej godziwą pensję, emeryturę. I tak będzie mniej to kosztowało

niż opieka nad tym dzieckiem w domu opieki. A jak to u nas wygląda? Żadnych praw, często upokarzające zasiłki, gorycz… Dlaczego?

Są jeszcze rodzice dzieci o lekkiej niepełnosprawności.

Tacy rodzice powinni przede wszystkim otrzymać pomoc psychologa, by mądrze uporać się z trudnymi problemami, które niesie ze sobą niepełnosprawność dziecka. Z poczuciem krzywdy i niesprawiedliwości losu, z kompleksami, z brakiem akceptacji rodziny, współmałżonka, otoczenia, z emocjami, cierpieniem. Ktoś musi im pomóc złapać równowagę i pomóc normalnie żyć. Ci rodzice powinni normalnie pracować, choćby na pół etatu, dzieci posyłać do szkoły, przedszkola, mieć swoje radości, zwyczajne życie. Tymczasem rodzice, z miłości, często chronią swoje niepełnosprawne dzieci przed światem. Trzymają pod kloszem, uniemożliwiają im kontakt z rówieśnikami. Znam wielu dorosłych już ludzi niepełnosprawnych, którzy stali się w pewnym sensie ofiarami nadopiekuńczości swoich rodziców.

Rodziców, których kiedyś w końcu zabraknie.

I będzie tragedia. Ale podkreślam: to są błędy, które wynikają z troski. Tym rodzicom nikt nie pomaga. Trzeba z nimi rozmawiać. Uświadamiać, że nie powinni trzymać dzieci tak kurczowo.

Czasami nie trzymają. Ośmiu na dziesięciu mężczyzn, kiedy pojawia się dziecko niepełnosprawne, porzuca rodziny. Co się z nami stało?

Z mężczyznami?

Tak, z mężczyznami. Z mężczyznami w ogóle.

Dobrze, że mnie Pan pyta – typowego polskiego mężczyznę. To nie jest prosta sprawa, trudno o tym mówić. Myślę, że kobiety zaczęły dominować. Nie jestem feministką, chciałabym, żeby kobieta była kobietą, a mężczyzna – mężczyzną. I, oczywiście, potrafię wbić gwóźdź, nie o to chodzi. Tyle że kiedy kobiety nieustannie mówią „zrobię sama, zrobię lepiej", mężczyźni przestają się angażować.

Chce Pani powiedzieć, że to wina kobiet?

Nie. To zbyt złożone, żeby mówić, gdzie jest wina. Mężczyźni często są jak dzieci, boją się. Kobiety to lwice. Kiedy rodzi się dziecko niepełnosprawne, jest w nas biologiczna potrzeba walki. A mężczyźni odpuszczają. Nie wiem, co dzieje się z mężczyznami, ale widzę, że są coraz słabsi. Oczywiście nie możemy generalizować, znam fantastycznych mężczyzn. Czasy w ogóle są trudne, małżeństwa często żyją na odległość, coraz trudniej znaleźć pracę, żyjemy coraz szybciej, coraz mniej czasu, by spokojnie popatrzeć sobie w oczy.

Jest coś, czego w tych trudnych czasach potrzebujemy najbardziej?

Przede wszystkim siebie. Niech nikt nie mówi, że lubi być samotny. Czasem sam, owszem, ale nie samotny. I chcemy czuć, że jesteśmy potrzebni. Wszystko plącze się wokół tych dwóch rzeczy. Samotność jest największą chorobą naszej teraźniejszości. Nie ma nic gorszego. Rozmawiam z ludźmi po wypadkach, z potwornymi diagnozami i oni cierpią mniej niż osoby samotne. Jeden mój Bartuś chorował na mukowiscydozę, byłam na jego ślubie. On wiedział, że umiera, ona wiedziała. Biedni jak kościelne myszy. I to było cudowne. Szekspir miał rację, pisząc, że miłość jest silniejsza niż śmierć. Widziałam, jak śmierć była upokarzana, bo ludzie odchodzili szczęśliwi. Jeśli obok jest drugi człowiek, wszystko się uda. Potrzebujemy żyć dla kogoś. To nie są truizmy. Tymczasem dzieje się coś niedobrego. Mamy coraz mniej szacunku człowieka dla człowieka. Niestety, niektórzy myślą, że na tym polega demokracja, że każdego można opluć i za to nie odpowiadać. A przecież nawet jeśli ktoś się ze mną nie zgadza, powinnam to uszanować i wysłuchać. Próbować zrozumieć. Namówić do współpracy. U nas to nie funkcjonuje.

Dawniej było inaczej?

Jako aktorka debiutowałam u Lidii Zamkow, która była uważana za kobietę agresywną i szorstką. Tymczasem, kiedy zaczęłam pracować, wzięła zespół na zaplecze i krzyczy: „K****, jak ktoś powie jedno brzydkie słowo przy Anusi, zabiję, wyrzucę!". Jako reżyser nie przekazywała swoich uwag publicznie. Spisywała je na kartkach i cichutko omawiała, żeby nikogo nie zawstydzić, nie zranić. Przy pozornej chropowatości była delikatna i wrażliwa. Takich ludzi jest coraz mniej.

Powiedziała Pani kiedyś, że teatr jest coś wart tylko wtedy, kiedy traktuje się go poważnie.

Jestem człowiekiem, a człowiek musi pracować. Szczęśliwie praca, którą wykonuję od czterdziestu pięciu lat, jest moją pasją. I właśnie tacy mistrzowie jak Zamkow nauczyli mnie, że ten zawód nie będzie upokarzający tylko wtedy, kiedy będzie dla mnie najważniejszy na świecie.

Upokarzający?

Gdyby Pan wszedł za kulisy i zobaczył, jak jesteśmy tam często „torturowani" psychicznie i fizycznie, jakie to czasem jest upokarzające, upadlające... Jak świat potrafi się nam zawalić, bo pomyliłam słowo czy krok. Dla większości ludzi to nieistotne. Ja muszę wierzyć, że to jest ważne i potrzebne, bo inaczej nie miałabym siły. Prawdopodobnie zostałam uszkodzona przez wielkich twórców, którzy mnie uczyli. Żeby coś zagrać, w danym momencie muszę włożyć w tę pracę całą siebie. Nigdy w życiu nie wyszłam na scenę z myślą, że jakoś będzie. Tacy ludzie jak Swinarski nauczyli mnie, że ten zawód trzeba kochać.

I to zawsze się udaje? Przy każdej z ról?

Nie wolno przyjąć roli, której się nie lubi lub nie rozumie. Muszę znaleźć w roli cokolwiek, co pozwoli mi ją pokochać. To może być ostatnia k**** i złodziejka, nie w tym rzecz. Muszę być zainteresowana postacią tak, jak interesujemy się człowiekiem, którego kochamy. Wtedy można znieść dla roli wszystko.
Kiedy zaczynałam, teatr był inny. Nieśliśmy ludziom nadzieję. Było łatwiej zobaczyć sens tego poświęcenia. Teraz ten zawód wszedł w swoje stare koleiny.

Aktor ma bawić?

Aktor ma bawić, śmieszyć, wzruszać. Ma wykonać swój zawód i zniknąć. Kiedyś pełniliśmy funkcję niemal kapłańską. W stanie wojennym do Starego Teatru ludzie przychodzili jak do świątyni. I może właśnie dlatego było mi łatwo uwierzyć, że to jest takie ważne.

Muszę zaprotestować. Myślę, że taki teatr jest nam wciąż bardzo potrzebny.

Ale dlaczego Pan protestuje? Ja nie mówię, że nie jest potrzebny, tylko że jest już inaczej. Teatr nie ma już takiej siły oddziaływania. Nie wpływa na tę przestrzeń w człowieku, na którą wpływał dawniej. To była wyjątkowa sytuacja – żyliśmy w niewoli. Co nie oznacza, że dzisiaj nie potrzebujemy w teatrze na przykład poezji. Potrzebujemy, a jest jej coraz mniej. Potrzebujemy zrozumienia, wchodzenia w głąb siebie, doznań. Teatr powinien być lustrem, w którym możemy się przejrzeć. Funkcje teatru są różne, ale to, co przeżyliśmy wtedy, już nie wróci.

Mam przyjaciół, którzy nie są ludźmi kultury, czytają mało. Ale kiedy trafiają do teatru, do kina studyjnego, chcą wracać. O ile ktoś pomoże im zrozumieć.

Wracają. Oczywiście, że wracają.

To gdzie jest błąd? Co robimy źle, że ich tracimy?

Zmieniła się rzeczywistość. Teatr poszukuje. Artyści krzyczą, prowokują, niektórzy uważają, że człowiek śpi i trzeba nim potrząsnąć. Pracuję w fundacji z ludźmi innymi niż ja. Żeby mnie poznać, przychodzą do teatru. Jedna z moich znajomych powiedziała, że już tam nie wróci. Całe życie spotyka się z dramatami i jeśli dodatkowo słyszy w teatrze, że świat jest zły, to chce wyć. Owszem, taki teatr jest potrzebny, ale teatr jest pojemny i zmieści wiele. Poezję, teatr tradycyjny, wzruszenia również.

Teatr prowokuje, ale często – mam wrażenie – to są prowokacje, których świat nie rozumie.

Ja bardzo często idę do teatru i nie rozumiem. Czasami myślę, że to starość i głupieję. Wtedy zadaję pytania i okazuje się, że rozumiem jednak całkiem sporo. Jako widz mogę nie rozumieć, ale jako aktorka już nie. Muszę rozumieć rolę, czuć ją.

Więc gdzie tkwi błąd?

Teatr odstrasza. To jedna sprawa. Druga – to media, które nas rozleniwiły. Nie mam nic przeciwko serialom. Ludzie wracają zmęczeni z pracy i otrzymują lekką rozrywkę. Mogą się utożsamiać, nie muszą myśleć.

Ale jeśli jedna stacja odtwarza serial, a druga – teatr, to widzowie wybierają serial. I to jest straszne, bo zadaniem mediów jest to, żeby nam smaki poprawiać. Tymczasem cel jest jeden – pieniądze.

To nie jest tylko problem sztuki. To jest problem naszych czasów.

Rozmawiam ze swoimi studentami. Muszę ich poznać, żeby ich nie uszkodzić. Słyszę: „Pani jest pierwszą osobą, która ze mną rozmawia". Rodzice nie mieli czasu. Czasami pytają, jak było kiedyś. Było trudno, ale mieliśmy swoje autorytety. Nie potrzebowaliśmy zakazów, nie bito nas. Nie mogłam robić głupot, bo nie mogłam podważyć zaufania, którym obdarzała mnie mama. Rodzice mieli dla nas czas, podróżowaliśmy razem, wieczorami graliśmy w chińczyka.

Ten idealizm jest nam potrzebny jak tlen do życia. Kołakowski powiedział kiedyś, że idealizm nas uratuje. Ludzie wstydzą się być idealistami, ale bardzo tego potrzebujemy.

Jeśli zapyta mnie Pani o autorytety, będę umiał odpowiedzieć.

Bo nie można generalizować. Ale jestem z młodymi bardzo często i pytam. Nie mają. My swoje autorytety mieliśmy blisko. Uniknęłam bardzo wielu błędów przez to, że szanowałam i przyjaźniłam się ze wspaniałymi starszymi ludźmi. Miałam dodatkowe szczęście, że mogłam poznać wielkich, niezwykłych artystów – aktorów, reżyserów, poetów, plastyków…

Nie ma Pani wrażenia, że jednak odbijamy się od dna? Coraz bardziej potrzebujemy szlachetnego idealizmu…

Ten idealizm jest nam potrzebny jak tlen do życia. Kołakowski powiedział kiedyś, że idealizm nas uratuje. Ludzie wstydzą się być idealistami, ale bardzo tego potrzebujemy. Lubię pracować ze studentami nad krótkimi, poetyckimi opowiadaniami Herberta. Mówią o sprawach intymnych: zaufaniu, rozczarowaniu, okrucieństwie, marzeniach. I widzę, jak studenci wstydzą się mówić o uczuciach.

Boją się, bo nigdy w życiu o tym nie rozmawiali. Chcą je schować. Mówię im, że aby coś ukryć, coś musi najpierw pęknąć. Młodzi ludzie są zawsze tacy sami. Teraz mają po prostu trudniej.

Tacy sami, czyli jacy?

Fantastyczni. Ciekawi świata.

To dlaczego trudniej?

Zawsze byli ludzie mniej i bardziej sympatyczni, mniej zdolni i bardziej zdolni. Dzisiaj jest podobnie, ale dziś mają więcej możliwości, trudniejsze wybory. Młody człowiek widzi wiele dróg i nie wie, gdzie iść. Wszystkie są równie pociągające, ale nie ma obok przewodnika. I jak tu nie błądzić? Tyle wspaniałych możliwości – którą wybrać? Trudne to. Często czują się zagubieni, samotni muszą pić, sięgać po narkotyki, co czwarty młody człowiek ma depresję. Pan sobie to wyobraża? Dla mnie depresja to była ziemia poniżej poziomu morza.

Aktorzy są tu chyba grupą wysokiego ryzyka. Bywam i przerażony, i zafascynowany tym, ile kosztuje wejście w rolę. Prawdziwe emocje, stany psychiczne. Wspominając Swinarskiego, mówiła Pani o dotykaniu granic.

To jest trochę inaczej. Żeby być aktorem, trzeba być bardzo odważnym człowiekiem. I trzeba mieć wokół siebie ludzi, którym się ufa. Tylko wtedy człowiek jest wolny i może się otworzyć. Najbardziej niebezpieczny jest dla mnie czas prób. Wtedy rzeczywiście uruchamiam swoje prawdziwe emocje i dotykam czegoś bolesnego w środku. Czasami w sposób barbarzyński, bo rola wymaga, żeby wydobyć z siebie coś, czego się wstydzę. Później, w trakcie spektaklu, tymi emocjami można profesjonalnie sterować. Nabrać do nich dystansu. Bardzo dużo zależy od reżysera. Miałam takich, przy których mogłam zagrać wszystko. Czułam się bezpiecznie.

Kto taki?

Kazio Kutz. Mówił do mnie: „Puścisz się, Anka, puścisz?", i działy się rzeczy zdumiewające. To są najcudowniejsi reżyserzy. Oni we mnie bardzo dużo inwestowali. Kazio umiał wydobyć ze mnie umiejętności, o których nie wiedziałam, że są. Niestety, to jest niezwykle wyczerpujące i są aktorzy, którzy nie umieją sobie z tym poradzić. Źle kończą. Umiejętność panowania nad tymi emocjami jest niezbędna. One muszą tworzyć aktora, nie spalać.

Im więcej trudnych doświadczeń, tym łatwiej grać? Tym lepszy aktor?

Gdyby Pan odkrył receptę na wielkie aktorstwo, byłby Pan bardzo bogatym człowiekiem. Tu na szczęście nic nie jest na sto procent. Są ludzie, którzy w życiu bardzo dużo przeszli i nie są świetnymi aktorami. Jest jeszcze talent. Jeden, mając ten bagaż, umie z niego skorzystać, drugi nie.

Próby są wyczerpujące. A spektakl?

To stan szczególny, wyjątkowy. Napięcie, wysiłek, skupienie. Ale jest publiczność i to jest zdrowy ból i przyjemność nie do opisania. Jak bieg w maratonie. Choć maratończyk jest wykończony, to jednocześnie zyskuje siły. I to się udaje tylko wtedy, kiedy się tę pracę naprawdę kocha. Trzy dni przed premierą nie wiem, jak się nazywam. Mój syn, gdy był mały, mówił: „Oho, mama wsadza mięso do pralki, zbliża się premiera". Dzień, w którym gram, jest całkiem inny od innych. Już gdzieś od czternastej patrzę co chwilę na zegarek… Zbliża się spektakl, a spektakl to rzecz święta. I cieszę się, że to się u mnie wciąż nie zmienia.

Spektakl się kończy.

I jest cisza. Straszne zmęczenie i radość, że jeszcze raz się udało. Wsiadam do samochodu. Słucham muzyki i jestem szczęśliwa. Po spektaklu muszę odtajać, nie mogę zasnąć. Czytam, coś piszę, robię wszystko, na co nie mam czasu w dzień… To mój prywatny czas. Chodzę spać grubo po północy.

I wstaje Pani o szóstej. Wystarcza?

Musi. Nauczyłam swój organizm: masz mnie, to mnie wytrzymaj.

Pani przyjaciele mówią, że dla Anny Dymnej niedziela nie istnieje.

Nie istnieje, bo są Salony Poezji. Myślę czasem, że przesadziłam, to już trzynaście lat. Nie mogę w niedzielę wsiąść na rower i pojechać do ukochanego lasu czy choćby wyleżeć się w łóżku… „Maluję rzęsy" i jadę do Salonu. Jeszcze nigdy przez te trzynaście lat nie zdarzyło się, żebym wybrała coś innego. Nie pojawiam się w Salonach tylko wtedy, kiedy wyjeżdżam z teatrem lub mam jakieś nagrania.

Nie słyszę żalu po tych straconych niedzielach.

Czasem chwilę powzdycham i ponarzekam, ale gdy słyszę, jak moi wspaniali koledzy czytają poezję, jestem szczęśliwa. To jest dla mnie taki niedzielny prezent i radość, i przeżycie. Poezja naprawdę pomaga żyć, zrozumieć świat, uspokaja. W styczniu będziemy obchodzić pięćsetne spotkanie w Krakowskim Salonie Poezji. I zawsze jest pełno na widowni. Widać nie tylko mnie potrzebna jest poezja. To jest tak zwane społeczne przedsięwzięcie. Wielu ludzi, szczególnie starszych, nie ma dzisiaj pieniędzy na korzystanie z kultury… Tu mogą się spotykać, wypić kawę, porozmawiać, posłuchać wspaniałych wierszy i muzyki. Pewna pani powiedziała mi kiedyś, że te spotkania ją uratowały. Przychodzi w pięknej sukience, o której myślała, że założy ją już tylko do trumny.

I Pani przy tym wszystkim z uporem mówi: ja jestem normalny człowiek.

Żeby móc teatr tak traktować, jak rozmawialiśmy, móc w nim coś prawdziwego zostawić, to oprócz warsztatu, którego uczę się całe życie, trzeba być normalnym człowiekiem. Ja muszę żyć normalnie: cierpieć normalnie i kochać normalnie. Praca w teatrze i filmie to praca na wysokich diapazonach. Praca w fundacji bywa niezwykle trudna. W tym wszystkim bez normalności można oszaleć. To właśnie dlatego całe życie walczę o normalność. I chyba mi się to jakoś udaje. Choć śpieszę się teraz na próbę do moich studentów. Zbliżają się egzaminy, a pracujemy nad bardzo trudnym materiałem, prozą *Jerofiejewów dwóch*. Na ich egzaminach denerwuję się chyba najbardziej. To przecież w pewnym sensie moje dzieci.

Anna Dymna – *aktorka filmowa i teatralna, debiutowała w Teatrze im. Juliusza Słowackiego w Krakowie, od 1973 roku związana ze Starym Teatrem. Wspiera organizacje pozarządowe (Obywatelski Komitet Ratowania Krakowa, WOŚP, Fundację „Mam Marzenie", Fundację „Akogo?", PAH i inne). W 2003 roku założyła Fundację Anny Dymnej „Mimo Wszystko", która niesie pomoc osobom niepełnosprawnym intelektualnie. Nagrodzona między innymi Orderem Uśmiechu, Orderem Ecce Homo i Krzyżem Komandorskim Orderu Odrodzenia Polski.*

Więcej informacji o Fundacji „Mimo Wszystko" na stronie 160.

– Czy pana blog to dobra ambona?

– Pięćdziesiąt tysięcy osób.

– To całkiem dobra. Rozmawiajmy.

(…)

– Widzę, że pan nosi obrączkę. Bardzo dobrze. Trzeba nosić.

(…)

– Chce pan cukierka? Nie? To będzie więcej dla mnie.

A później cytował z pamięci Gaudium et spes *Tertuliana (w oryginale, po łacinie) i kazania prymasa Wyszyńskiego.*

Zła nie wolno zamiatać pod dywan

Rozmowa z ojcem Leonem Knabitem

Kiedy nie ma prawdy, jest subiektywizm, to „ja" staje się bogiem. I tu zawsze będzie cierpienie, bo trudno żyć w świecie, w którym jest osiem miliardów bogów.

Leon Knabit OSB (lat osiemdziesiąt sześć, z tego sześćdziesiąt kapłaństwa) tłumaczy, dlaczego Kościół musi zabierać głos w sprawach społecznych. Rozmawiamy o roli kobiet, przemocy wobec dzieci i o księżach, którzy nie zawsze potrafią mówić do rzeczy. Również o tym, skąd bierze się ateizm.

Postępująca laicyzacja to jest wina katolików: i duchownych, i świeckich. To Ojciec powiedział.

Coś podobnego…

A dokładnie, że brakuje czytelnego świadectwa, niekościelnym językiem: dobrego przykładu.

Pani Merkel powiedziała, że islam nie walczy z chrześcijańską Europą, bo nie ma chrześcijańskiej Europy. Mamy coraz mniej czasu – pochłania nas praca i konsumpcja. Bóg stał się dodatkiem, na który nie wszyscy mogą sobie pozwolić. Katolicyzm tradycyjny, ludowy, był wystarczający, kiedy świat nie był tak pluralistyczny.

To źle, że jest pluralizm? Większa wiedza, większa świadomość?

Kiedy pluralizmu było mniej, mieliśmy religijny transatlantyk. Płynął. Raz lepiej, raz gorzej, ale płynął. Dzisiaj każdy ma swoją małą łódkę, a ocean jest wzburzony tak samo jak wcześniej. Łatwiej się rozbić. Z jednej strony to smutne, z drugiej – to wyzwanie, bo bardziej niż dawniej potrzebna jest wiara dojrzała i dojrzałe, spokojne świadectwo. Któryś z myślicieli powiedział, że chrześcijanie XXI wieku albo będą mistykami, albo nie będzie ich wcale.

Wśród wierzących mało widzę „dojrzałego, spokojnego świadectwa". Za to całkiem sporo polityki.

Jedno powinno wynikać z drugiego. Kościół musi zabierać głos w sprawach społecznych.

Może jednak dobrze byłoby ograniczyć ambonę do spraw wiary? Nie tracić ludzi?

Kościół zdradziłby sam siebie. Musimy troszczyć się o człowieka. Problem to nie jest „czy?" tylko „jak?". O kwestiach społecznych mówić trzeba mądrze. Bywa, że księża, nawet biskupi, nie radzą sobie i mówią żenująco naiwnie. Roztropna troska o dobro społeczne to jest część misji Kościoła, ale to nie mogą być preferencje osobiste tego czy innego kapłana.

Proszę wyjaśnić.

Z ambony nie może paść: „Dzisiaj, całą parafią, ramię przy ramieniu, idziemy głosować na…". Tak nie może być – kościół to nie jest miejsce na wiec wyborczy.

Kościół musi zabierać głos w sprawach społecznych, bo musi dbać o ludzi. Tyle że tych spraw jest mało i wciąż są one te same: związki partnerskie, in vitro, ostatnio gender. Dlaczego Kościół nie upomina się z taką determinacją na przykład o prawa pracowników i głodowe stawki w hipermarketach?

Upomina się, upomina. I też słyszy, że nie powinien. Tak źle i tak niedobrze.

Być może to kwestia języka i uzasadnień? Obraz jest taki, że nie o chodzi o dobro człowieka, ale o wpływy.

Prymas Wyszyński krytykował w PRL tak zwany czyn partyjny. Politycy odpowiadali: „Prymasie, nie należysz do partii, co ci do tego?". I Prymas konsekwentnie tłumaczył, że czy człowiek należy do partii, czy nie należy, potrzebuje odpoczynku. I to było bardzo mądre. Więc tak, uzasadnienie jest potrzebne. Nie wystarczy krzyczeć, że komuniści u władzy i jest źle. Inna rzecz: jak ksiądz ma krytykować tych, co zagarniają wszystko dla siebie, kiedy sam zmienia samochód co trzy lata?

Nie odbierajmy księżom prawa do posiadania samochodu.

Nie ma nic złego w tym, że ksiądz posiada samochód. To zresztą – umówmy się – może być symbol wielu innych rzeczy. Dobrze, jeśli ksiądz może pojechać do chorego, do spowiedzi... Bywa i tak, że na parafii trzy samochody, a w kancelarii biedna wdowa, której brakuje na taksówkę. I tu nie chodzi o nadmierną krytykę księży i Kościoła, są tacy, co robią to wystarczająco dobrze. Ale rzeczy złych nie wolno zamiatać pod dywan. Hipokryzja wśród ludzi Kościoła to wyraźne zło. I ważne: nie samo zło jest najgorsze, bezkarność zła jest najgorsza.

Rzeczy złych nie wolno zamiatać pod dywan. Hipokryzja wśród ludzi Kościoła to wyraźne zło. I ważne: nie samo zło jest najgorsze, bezkarność zła jest najgorsza.

Z innych spraw społecznych: marginalizacja kobiet w życiu publicznym, traktowanie ich jako obywateli drugiej kategorii. To jest konkretne zło. Kościelny rachunek sumienia będzie tu długi.

To nie jest problem tylko Kościoła, ale problem społeczny w ogóle. Wiemy, że kobiety są traktowane gorzej: mniejsze płace, mniejsze możliwości zatrudnienia, mniejszy szacunek. Będzie lepiej w Kościele, jeśli będzie lepiej w społeczeństwie.

Jest przecież sprzężenie zwrotne: jeśli kobiety będą lepiej traktowane w Kościele, będą lepiej traktowane w społeczeństwie.

Zmiana w Kościele następuje. Powoli, niektórzy twierdzą, że zbyt powoli, ale następuje. Kobiety zajmują stanowiska w kuriach, prowadzą rekolekcje, często mądrzej od mężczyzn prowadzą katechezy. Czasami, szczęśliwie coraz rzadziej, odbija nam się schizofrenia, na którą chorowaliśmy w średniowieczu. Wtedy pojawiał się głos, że kobieta jest jak worek nieczystości. A obok wzór czystości – Matka Boska. Nie da się pogodzić tych dwóch języków. Albo, albo. Kościół mówi o kobietach mądrze: Wojtyła, Wyszyński. Ojciec Joachim Badeni, geniusz kobiecy!

Ale kapłaństwa kobiet nie będzie.

W dużym skrócie: wierzymy, że tak zdecydował Pan Jezus. Kobiety w Piśmie Świętym i w samej Ewangelii miały wiele ważnych funkcji, pełniły kluczowe role. Są takie, którym mężczyźni musieli się kłaniać: Debora, Estera. Stanowisko Kościoła nie ma nic wspólnego z celową marginalizacją. Zresztą, kobiety, które są obecne w Kościele i często krytykują wiele kościelnych decyzji, nie mają problemu z kapłaństwem. To jest kwestia, którą najczęściej poruszają osoby spoza Kościoła. Ja jestem księdzem, ale nie mogę być matką księdza. I nie protestuję.

Starość jest trudna. Łatwo o przekonanie, że zostało się zdradzonym i oszukanym. Ktoś włożył całe życie w wychowanie i pracę, a teraz samotnie siedzi wpatrzony w białą ścianę.

Są też ludzie starsi: poniżani, okradani ze środków do życia, odstawiani na boczny tor.

Starość jest trudna. Łatwo o przekonanie, że zostało się zdradzonym i oszukanym. Ktoś włożył całe życie w wychowanie i pracę, a teraz samotnie siedzi wpatrzony w białą ścianę. Jest taka dobra tradycja w niektórych firmach, że na spotkania zaprasza się dawnych pracowników. To jest bardzo cenne.

A w samym Kościele? Kościół się o starszych upomina?

Kościół naprawdę troszczy się o starszych i potrafi ich zagospodarować. Znam parafie, gdzie starszym pomaga się wypełnić PIT, mogą przy kościele skorzystać z pomocy prawnej, księża organizują wyjazdy. I Kościół uczy, że należy ludzi starszych szanować, a jednocześnie starszym przypomina, że nie powinni dziadzieć, bo starość ma wartość.

Tu w opactwie, w Tyńcu, korytarz, gdzie mieszkają najstarsi księża współbracia, nazywacie „pasem startowym". Straszne to jest.

To ja wymyśliłem. Mieszkałem tam parę lat, ale nie pomogło. Widać nie zrozumiałem aluzji, więc po parunastu latach przeniesiono mnie do innej celi, z której rozciąga się piękny widok aż na Babią Górę. Przez okno mam pięćdziesiąt kilometrów zieleni, a w zimie – śnieżnej bieli.

Kolejny problem, o którym z ambony trudno usłyszeć: 61 procent Polaków akceptuje przemoc jako formę wychowawczą. A przecież czwarte przykazanie działa dwukierunkowo: dzieci mają szanować rodziców, a rodzice – dzieci.

Pan kieruje te zarzuty pod złym adresem. Trzeba pisać do Komisji Episkopatu Polski. Dla mnie jest rzeczą oczywistą, że nie wolno pochwalać przemocy.

Więc Ojciec się zgadza? Kościół powinien bić na alarm?

Problemów jest więcej. Rodzice wychowują dzieci, a szkoła czy Kościół powinny to wychowanie wspierać. Często jest jednak tak, że rodzic oddaje dziecko do szkoły i mówi: to jest wasza sprawa, proszę sobie radzić. Trudno mówić o miłości, kiedy rodzic nie angażuje się w życie dziecka. I jeśli rozmawiamy o kwestiach społecznych, to jest bardzo źle, kiedy ojciec musi pracować na dwóch etatach i widzi swoje dzieci raz na dwa tygodnie. Musimy dzieciom oddać rodziców. Kościół o tym mówi.

Jeśli mówi, to często niezrozumiale, naokoło i za pomocą kościelnej nowomowy. Przecież Ojciec nieustannie krytykuje słabość kazań.

Są księża, którzy przygotowują świetne kazania i potrafią je wygłosić, ale zgoda, ględzenia na ambonie nie brakuje. Pewien biskup ze Stanów Zjednoczonych pytał znanego artystę: jak to jest, że was słuchają, a nas nie. Odpowiedział: bo my mówimy nieprawdę, tak jakby to była prawda, a wy mówicie prawdę, jakby to była nieprawda. To żart oczywiście, ale coś jest na rzeczy.

A może księża nie upominają się o dzieci, ten problem nie jest stawiany przed wiernymi, bo choć mają doświadczenie bycia dzieckiem, nie mają doświadczenia bycia rodzicem? Nie mają rodzin. Celibat zawęża ich perspektywę.

Doświadczenie uczy, że doświadczenie nie zawsze przynosi dobre owoce. W ilu małżeństwach nie ma dobrego wychowania? Pan sam przytaczał statystyki. Zresztą o. Karol Meissner, który jest też lekarzem, powiedział: „Nie potrzebuję chorować na żółtaczkę, żeby żółtaczkę wyleczyć". Jest wielu księży, którzy prowadzą doskonałe duszpasterstwa rodzin. A więc można i można bez własnej rodziny. Braków w tym zakresie nie należy zestawiać z celibatem.

Jeśli nie celibat, to swoje konsekwencje ma samotność. To, że księża przestają żyć z ludźmi. Po seminarium kapłan wchodzi w swój świat: zamknięty, a z czasem oderwany od rzeczywistości.

Jestem daleki od takich ocen, bo znam wielu księży, którzy spotykają się ze sobą, trzymają razem, wspierają wzajemnie. Coraz więcej księży rozumie, że życie ze sobą jest ważne i zaczynają się spotykać w sprawach innych niż urzędowe. Korzystają z rekolekcji, ze wspólnej modlitwy.

A jeśli jest inaczej? W wielu miejscach jest.

To źle. Ksiądz powinien żyć nie tylko z innymi księżmi, ale także z innymi ludźmi. Tymczasem spotykam taki głos, że kapłan powinien trzymać się z dala, nie wchodzić na co dzień w świecki świat. Ksiądz Fedorowicz, kandydat na ołtarze, a więc wzór dla innych, chodził do ludzi i wyganiał „na parafię" swoich wikarych. Trzeba żyć zwyczajnie. Sam lubię jeździć autobusem czy pociągiem i rozmawiać. Z tymi, którzy są zbuntowani i nie życzą nam dobrze, też. To jest ważne, bo bywa, że dla kogoś Bóg jest daleko. Ksiądz może być blisko i do Boga zaprowadzić.

Czasami tak blisko, że w efekcie zostawia kapłaństwo.

To jest druga skrajność. Pierwsza, już mówiłem, to uciekanie. Druga, gdy nagle ksiądz zapomina, że jest księdzem. Kapłan, który ma poukładane rzeczy fundamentalne, własną wiarę, ma mniej trudności. Po prostu wie, że może być i do tańca, i do różańca, i będzie umiał zachować dystans, który nie ośmieszy jego służby. Źle się dzieje, to doświadczenie, jak tego tańca jest za dużo. Ale tańca jest za dużo, gdy komuś się pomyliła definicja powołania, bo powołanie to nie jest tak, że „chcę być księdzem”, tylko odpowiadam na to, że Bóg chce, żebym był księdzem. To jest problem niektórych księży dzisiaj, że ich „chcę” jest absolutne i to „chcę” jest nazywane głosem Boga.

Przecież wątpliwości, czasem bardzo silne, są wpisane w życie.

Wątpliwości mogą być darem. Pozwalają więcej widzieć. I to jest dar, który może boleć, oczywiście. Ale wtedy potrzeba cierpliwości i mądrości. Odejście od kapłaństwa to jest zdrada. Jak można ślubować, służyć ludziom, spowiadać, nauczać, a potem odwrócić się do tego wszystkiego plecami? Zaprzeczyć? I zostawić ludzi, którym się pomagało przez wiele lat?

Zdrada to jest bardzo mocne słowo. Myślę czasem, że zbyt mocne, i myślę, że to jest zawsze osobisty dramat i cierpienie konkretnego człowieka.

Jeśli Pan zostawi żonę i zwiąże się z inną kobietą, to będzie zdrada, dramat czy cierpienie konkretnego człowieka?

I zdrada, i cierpienie konkretnych ludzi.

Właśnie. To są zawsze bardzo trudne sytuacje. Nie wolno potępiać człowieka, ale czyn, złą decyzję, owszem. Jan Paweł II mówił o istnieniu prawdy obiektywnej i o tym, że jest odniesieniem dla innych prawd. My dzisiaj jako społeczeństwo (a więc księża również) to gubimy. Ktoś jednego dnia mówi, że nigdy nie zrezygnuje z kapłaństwa czy małżeństwa, a drugiego – że ta deklaracja nie obowiązuje. I że on jest dzisiaj innym człowiekiem, to sprawa jest przegrana. Nie ma prawdy, jest subiektywizm. Wtedy „ja" staje się bogiem. I tu zawsze będzie cierpienie, bo trudno żyć w świecie, w którym jest osiem miliardów bogów.

Są bohaterowie i jest hołota. Więc, mówiąc o Kościele, zachowałbym ostrożność. Jeśli krytykować, to konkretne zachowania i postępowanie ludzi, którzy zazwyczaj do tego Kościoła całkiem nie weszli.

Rozmawiamy o Kościele i o tym, że zła nie wolno zamiatać pod dywan. A ja mam wrażenie, że każda krytyka kierowana pod adresem Kościoła jest odbierana jak rzucenie rękawicy.

Pod adresem Kościoła czy ludzi Kościoła?

To proszę wyjaśnić różnicę.

Można powiedzieć, że młodzież jest zła? Są ludzie okrutni i są wspaniali. Jedni ośmieszają rówieśników, prześladują w Internecie, doprowadzają do samobójstw. Drudzy angażują się społecznie, jako wolontariusze wyjeżdżają na końce świata. Są bohaterowie i jest hołota. Więc, mówiąc o Kościele, zachowałbym ostrożność. Jeśli krytykować, to konkretne zachowania i postępowanie ludzi, którzy zazwyczaj do tego Kościoła całkiem nie weszli.

Zostańmy przy ludziach Kościoła.

Przy tym rozgraniczeniu nie ma miejsca na usprawiedliwienia. Za długo żyję, żeby zamiatać coś pod dywan.

To Ojciec. A ja mówię o swoich obserwacjach i wcale nierzadkim głosie, że gdy Kościół jest atakowany, to trzeba go bronić. I walczyć.

Walczyć z grzechem w sobie. Kościół dla nikogo nie jest wrogiem. Już za czasów wspomnianego prymasa Wyszyńskiego zamiast „Kościół walczący” zaczęliśmy mówić „Kościół pielgrzymujący”. Różni ludzie będą się nas czepiać, ale walka z nimi nie jest naszym celem. Jest Kościół cierpiący i Kościół triumfujący w niebie.

Jeśli zapytać ludzi, co nas dzieli, to szybko dochodzimy do wniosku, że tylko poglądy. Tylko poglądy!

Ale są przecież kwestie, gdzie Kościół nie ustąpi. Obrona życia poczętego na przykład. Więc wojna będzie.

Tak, i nie ustąpi w sprawie złodziejstwa, kłamstwa i niesprawiedliwości. Tarcia będą, to nieuniknione. Trzeba tylko pamiętać, że w tym wszystkim nie chodzi o to, żeby ludzie zmieniali się pod presją: wykluczani albo poniżani. Jeśli mówimy o wojnie, to nie wojnie o wpływy. To jest zmaganie się ze złem: we mnie samym i w drugim człowieku.

Istnieją sytuacje, kiedy to właśnie tarcia prowadzą do zła. Skaczemy sobie do gardeł.

I to nie ma sensu, bo sytuacji skrajnych, gdzie nie ma pola do dyskusji, wcale nie jest tak dużo. Jeśli zapytać ludzi, co nas dzieli, to szybko dochodzimy do wniosku, że tylko poglądy. Tylko poglądy! Wystarczy uszanować człowieka w człowieku i przyjąć zasadę „pierwszy nie dokonuję najazdu”.

Poproszę o przykład. Osobisty najlepiej.
Kiedy byłem w Brukseli, pani Senyszyn okazała mi dużo życzliwości. Spotkaliśmy się w Brukseli. To jest bardzo serdeczna kobieta.

Jej współpracownicy bardzo ją chwalą. Z rozmów ze mną wynotowała siedem stron, słuchała bardzo uważnie. Dopóki nie wejdziemy na pola minowe, możemy mieć dobrą relację. Tu nie chodzi o akceptację poglądów ani o rezygnowanie z siebie, ale o umiejętność traktowania ludzi z szacunkiem, nawet jak się z nimi diametralnie nie zgadzamy.

Dobrze, że Ojciec nie ma zdjęcia z tego spotkania. Źle by się dla Ojca skończyło.

Zaraz bym usłyszał: Ojciec Leon nie jest tylko prywatną osobą, on wyraża sobą Kościół, jego postępowanie jest karygodne, ludzie odpadają od Kościoła przez Ojca Leona!

Duża szansa.

Szczęśliwie papieże spotykali się z ludźmi dalece mniej przychylnymi Kościołowi niż pani Senyszyn, i tam również była życzliwość. Nie można stawiać równości między traktowaniem człowieka z szacunkiem a pełną akceptacją wszystkiego, co mówi. Szczęśliwie moje poglądy są powszechnie znane.

Iskrzy między światem wiary i niewiary. Przekonanie o tym, że Bóg jest, konstruuje nasz sposób postrzegania świata.

Jest ateizm i jest niewiara. Ateizm odnosi się tylko i wyłącznie do spraw związanych z religią. Niewiara jest szersza. Można nie wierzyć w prawdę, w wartości, w drugiego człowieka i w tym mieści się niewiara w Boga. Ateizm ateizmowi nierówny. Ktoś nie wierzy, bo nie poznał Boga, ktoś inny świadomie go odrzucił. My zresztą z tym ateizmem tak wprost, agresywnie nie walczymy.

Nie walczymy?

Bardzo ważna jest Konstytucja o wolności religijnej. Żadne państwo nie zdobyłoby się na taki akt. Po złych doświadczeniach, gdzie Kościół chciał wprowadzać religię na różne sposoby, w tym przepisami administracyjnymi, wiemy, że przyjęciu wiary musi towarzyszyć wolność.

„Wyjdź na drogi i między opłotki i przymuszaj do wejścia, aby mój dom się zapełnił." – Łukasz 14, 23.

Pisma Świętego nie czytamy dosłownie, literalnie, i to dzisiaj wie już chyba każdy. Pojęcie przymusu jest bardzo szerokie. Jest przymus pod groźbą śmierci, a jest perswazja, zwyczajna ludzka perswazja. Przymus dosłowny potrafi być niezwykle szkodliwy.

Kościół mówi, że ateiści mogą zostać zbawieni.

Od Pawła VI Stolica Apostolska mówi, że we wszystkich religiach jest ziarno prawdy. Tertulian mówił, że dusza ludzka jest „naturalnie chrześcijańska". To znaczy, że Absolut zostawił pierwiastki siebie w każdej duszy, w każdym człowieku. Czasami ten Absolut zostaje przyćmiony przez konsumpcję, złe życie, ale przyćmiony, to nie znaczy wykorzeniony. I moja duszpasterska obserwacja to potwierdza, bo w ludziach, którzy postępują w sposób kompletnie niegodziwy, zawsze można znaleźć jakiś element szlachetności.

Zawsze? Nigdy Ojciec nie spotkał człowieka, o którym można było powiedzieć, że jest tylko zły?

Kiedy prymas Wyszyński dowiedział się o śmierci Bieruta, a Bierut nie tylko walczył z Kościołem, ale też prześladował żołnierzy wyklętych, miał krew na rękach, to odprawił za niego mszę.

Prymas miał nadzieję, że Bóg znajdzie w Bierucie coś, co by go usprawiedliwiało i dzięki czemu zasłużyłby na miłosierdzie. I to jest postawa zawierzenia dobru, które jest w człowieku. Nawet jeśli on sam deklaruje się jako ateista. Proszę zwrócić uwagę, że Kościół nigdy nikogo nie skazał na wieczne potępienie.

Są przecież postacie, które aż się proszą.

Jest takie średniowieczne opowiadanie o sądzie ostatecznym. Pan Bóg pyta: Kochałeś? Nie kochałem! A może chciałbyś, żebym ja cię pokochał?

Wierzymy w karę ostateczną – w wieczne potępienie, które jest nieodwracalne. Nadzieja na to, że nawet najgorszych ludzi można uratować, jest tak naprawdę wyrazem miłości do nich. Jest takie średniowieczne opowiadanie o sądzie ostatecznym. Pan Bóg pyta: Kochałeś? Nie kochałem! A może chciałbyś, żebym ja cię pokochał?

Mieliśmy ostatnio kilka dyskusyjnych pogrzebów.

Pogrzeb nie jest dyskusyjny. Człowiek umiera bezdyskusyjnie raczej.

Wojciech Jaruzelski, Józef Oleksy. Wróciła dyskusja o tym, czy wszystkim należy się katolicki pogrzeb. I była to dyskusja wśród ludzi Kościoła.

Zarówno pan Jaruzelski, jak i pan Oleksy poprosili o spowiedź. Kościół nie mógł i nie powinien tej prośby odrzucić. To oczywiście nie przekreśla różnych, życiowych wyborów, ale rzecz jest w rękach Boga, nie człowieka. Proszę popatrzyć na Rudolfa Hessa. Spotkał Boga w więziennej celi, przed powieszeniem, które przyjął jako część przynajmniej pokuty za zło, które czynił, zwłaszcza jako komendant obozu koncentracyjnego! Jeśli na Golgotę popatrzeć z dystansu, bez wiedzy, którą dzisiaj mamy, to widać tylko trzy krzyże złoczyńców. A tam Syn Boży i pierwszy oficjalny święty!

A z panem Oleksym miałem taką przygodę: spotkałem go na lotnisku, był z Leszkiem Millerem i paroma prominentami lewicy. Rozmawialiśmy i na do widzenia Miller mówi: „Józef, jakby został w tym seminarium, to dziś byłby pewnie kardynałem!”.

Wśród wierzących wciąż łatwo o skrót myślowy „ateista – człowiek niemoralny”. Ksiądz Oko publicznie budował taki związek przyczynowo-skutkowy.

Kościół takiego związku nie buduje. Podział na ludzi wierzących i niewierzących nie jest podziałem etycznym, dlatego że dobre i złe czyny obecne są po obu stronach. Nie można powiedzieć, że każdy wierzący to święty, a niewierzący to łobuz. Granica idzie przez środek serca. Jeśli jakaś różnica jest, to taka, że chrześcijanie mają jasną motywację do czynienia dobra. Pracują na życie wieczne. A w przypadku osób, które odrzuciły Boga, brak tej motywacji rzutuje na osobiste sukcesy i porażki.

Więc może jest tak, że ich dobre wybory moralne są szlachetniejsze? My pracujemy na nagrodę, u nich dobro nie jest koncentracją na sobie (ja pracuję na życie wieczne), ale na drugim człowieku (jego dobro jest dla mnie ważne).

Ta perspektywa jest wspólna. Drogą Kościoła jest troska o człowieka. Zawsze jesteśmy w relacji. Nie można stawiać tu znaku wykluczenia: albo dbam o siebie i swoje zbawienie, albo o drugiego człowieka. Miłość, a do niej jesteśmy powołani, sprawia, że my przekraczamy siebie, wychodzimy z siebie. I w rezultacie tego wyjścia do drugiego człowieka, troski o niego, mamy szansę na zbawienie. Poza tym myślenie tylko w kategorii nagrody ma marne szanse na powodzenie.

Dlaczego?

Żeby zostać zbawionym, trzeba się nieźle trzymać przez pięćdziesiąt, sześćdziesiąt lat. Trzymać kierownicę, nie skręcać pod prąd, omijać przeszkody. A przeszkody są wielkie. I z samą wizją mety bardzo trudno wytrwać. Kiedy natomiast zaczynamy budować dobre relacje z innymi, kiedy dostrzegamy wartość w przyzwoitym życiu, to jest łatwiej. Człowiek musi zbudować w sobie miłość. Do siebie, do innych, i do Boga.

Jest taki ateizm, który mówi, że religia to rezygnacja z człowieka na rzecz wyimaginowanej idei Boga.

Niech ten ateizm zapozna się z przykazaniem miłości i będzie wiedział, że rezygnacja z człowieka nie następuje. Cała rzecz w tym, że my nigdy nie rezygnujemy z człowieka. Właśnie po to jest spowiedź i miłosierdzie. Można wyrządzić największe zło i wciąż uzyskać przebaczenie. Cywilizacje potrzebowały setek lat, żeby na człowieka patrzeć jednostkowo. Prawa człowieka były rewolucją! Tymczasem my od dwóch tysięcy lat wierzymy w Boga, który zostawia całe stado dla ratowania jednej owcy.

o. Leon Knabit – *benedyktyn, w latach 2001–2002 przeor opactwa w Tyńcu, publicysta i autor książek. Jego blog został nagrodzony statuetką Blog Roku 2011 w kategorii „Profesjonalne". W 2009 roku Ojciec otrzymał Krzyż Kawalerski Orderu Odrodzenia Polski.*

Nie odbierał telefonów i nie odpisywał na wiadomości. Minął kolejny termin autoryzacji, a w międzyczasie opublikowała go „Wyborcza". Napisałem: „W czym ja jestem gorszy od Michnika?". Odpowiedź nadeszła po trzech minutach. On, zadeklarowany agnostyk: „O Jezu! Zrobię! Zrobię!".

Panowie widzą tylko tabelki

Rozmowa z Marcinem Mellerem

Codziennie wybuchają afery, o których jutro nikt nie pamięta. W Internecie liczy się nagłówek, a nie treść. Nie ma miejsca na tematy poważne, za to jest przestrzeń na sensację. Nie ma środków na pogłębiony reportaż. Zresztą nikogo już pogłębione materiały nie interesują.

Marcin Meller dla jednych jest uosobieniem zgniłego salonu, dla innych – ostatnim bastionem zdrowego rozsądku. Rozmawiamy o mediach, pieniądzach, polityce i trudnej sztuce kompromisu.

Koledzy wciąż dzwonią i mówią: „Marcin, co ty p***”?**

Przyzwyczaiłem się. Wciąż mam przyjaciół po różnych stronach polsko-polskiej wojny, więc zawsze mogę liczyć na taki telefon. Albo na opinię, że to, co piszę, jest żenujące. Inna sprawa, że najgorsze walce jeżdżą mi po głowie, kiedy się kompletnie nie spodziewam.

Na przykład?

To jest zawsze surrealizm. Jak po tekście *Kiedy chciałbym wystrzelić w kosmos*, który celowo był niepolityczny. Szesnaście punktów robienia sobie jaj. W punkcie trzecim między innymi, że gdy jadę metrem, obok mnie stoją spoceni faceci w koszulkach na ramiączkach. Pokazałem Ance, Anka przeczytała…

Żona cenzuruje Twoje felietony?

Sprawdza. Proszę, żeby rzuciła okiem, bo może wyłapie jakąś minę, na którą właśnie wchodzę. Wtedy nie zwróciła na nic uwagi. Wysłałem tekst w piątek, w sobotę poleciałem do Gruzji. Na miejscu spotkałem grupę z Polski – bardzo miła rozmowa. Powiedzieli na koniec, że z ostatnim felietonem przesadziłem. Sprawdzam, co się stało, a tam Onet, Interia: „Meller powiedział, że Polacy śmierdzą”. Na Onecie osiem tysięcy komentarzy – 70 procent z nich: „Ty, Żydzie, sam śmierdzisz czosnkiem”.

A może ta nadwrażliwość to efekt zmęczenia? Wciąż i wciąż ktoś twierdzi, że coś jest z nami nie tak. Sandały do skarpet, wakacje w Egipcie.

Ale przyznaj, że ta sytuacja jest surrealistyczna w szczególny sposób. Nie napisałem, że rzecz dzieje się w Warszawie. Nawet jeśli założymy, że to Warszawa, to mówimy o sytuacji jednostkowej i marginalnej.

Komentarze wygenerował nie Twój tekst, ale nagłówki. Takie mamy media – musi się kliknąć.

Rozmawiamy w zabawnym momencie, bo odgrażałem się, że nie kupię czwartego tomu *Millennium*. I tak się odgrażałem, że właśnie czytam. Zawsze kiedy rozmawialiśmy o upadku poważnego dziennikarstwa w polskiej prasie, to myślałem, że Szwecja jest rajem utraconym. Tam wciąż są środki i świadomość pewnego poziomu. A akcja czwartego *Millennium* pokazuje moment kryzysu i to, że jest dokładnie tak jak w Polsce.

Czyli jak?

Media stają się towarem bardzo szybkiego użytku. Jest Twitter – 140 znaków. Kto dzisiaj ma czas na gazetę i lekturę tekstów liczących 20–30 tysięcy znaków? Codziennie wybuchają afery, o których jutro nikt nie pamięta. W Internecie liczy się nagłówek, a nie treść. Nie ma miejsca na tematy poważne, za to jest przestrzeń na sensację. Nie ma środków na pogłębiony reportaż. Zresztą nikogo już pogłębione materiały nie interesują.

Interesują. Spójrz na polski reportaż – mnóstwo książek. Sam wydałeś *Gaumardżos*.

Bogu dzięki, że to, co dawniej było obecne w prasie, przenosi się do książek. Tyle że to bum dla niszy. W polskich realiach kilkanaście tysięcy sprzedanych egzemplarzy to bardzo przyzwoity wynik. Jak książka przekracza sprzedaż dwudziestu tysięcy, mamy święto. Nie podpierajmy się nieustannie Szczygłem i jego nakładami.

Jest Tochman, Szejnert, wznowienia Krall. Popatrz na sukces Filipa Springera i *13 pięter*.

Mam takie wredne podejrzenie, że sukces Springera częściowo zasadza się na naszym polskim kulcie narzekania: wszystko jest brzydkie, do dupy, jesteśmy beznadziejni.

Przecież ta książka to jest tytaniczna praca dziennikarska.

Tak, oczywiście, ale jest też glanowanie – nasz sport narodowy. I Springer się w to znakomicie wpisuje, tyle że w wariancie intelektualnym.

No to Wojciech Jagielski.

Jagielski to wybitny reporter od spraw międzynarodowych. Jeśli ktoś kontynuuje ścieżkę Kapuścińskiego, to właśnie on. Ale Wojciech Jagielski sprzedaje mocne kilkanaście tysięcy egzemplarzy. Nie więcej. Ironia losu polega na tym, że książka jego żony o tym, jak trafiła do szpitala psychiatrycznego w związku z pracą męża, sprzedała się lepiej. Z całym szacunkiem dla Grażyny Jagielskiej – mówię jedynie o tym, co się dzieje. A dzieje się tak, że owszem, istnieje możliwość publikowania wielu wysmakowanych treści, ale dla bardzo wąskiej grupy odbiorców. W konsekwencji, jeśli ktoś ma chęci i umiejętność selekcji, dość łatwo może do tych treści dotrzeć. Ale mówimy o coraz bardziej wysmakowanej niszy w coraz głupszym otoczeniu.

Mówisz o Jagielskim i kwestiach międzynarodowych, a ja patrzę na media, które zrezygnowały z korespondentów. Waszyngton, Moskwa, Bruksela. Tyle. Reszta to „kopiuj, wklej" z agencji prasowych. I później wszyscy się

dziwią, że jak jest kryzys humanitarny, to nikt nie zna tła. I wierzy w to, co pojawia się na Facebooku.

Kiedy pracowałem w „Polityce", okładka, która wygenerowała najgorszą sprzedaż, to był Clinton i Jelcyn. Tomasz Lis wspominał, że najmniejszą oglądalność odnotował po rozmowie z Tonym Blaire'em. Dwutygodnik „Forum" przestał być tygodnikiem. Polaków nie interesuje świat. Mamy wieś spokojną, wieś wesołą… Jedyne, co nas interesuje, to Ukraina, ale tylko trochę. Uchodźcy w jednym kontekście – naszym własnym. Zresztą mówimy o czasach Twittera. Polskie tematy są upraszczane do niemożliwości, więc jak tu wytłumaczyć coś, co dzieje się daleko? W innej kulturze, w innym kontekście historycznym? Nie mam złudzeń. Dobre już nie wróci.

Słyszę, że „dobre już nie wróci", i coś się we mnie gotuje, bo moje pokolenie już dostało takie media. Od Was. Zepsuliście, wybraliście sprzedaż kosztem misji.

Parę lat temu Grzegorz Miecugow wywołał taką dyskusję. Powiedział, że odbiorcy otrzymują takie treści, jakich oczekują. Tu jest sprzężenie zwrotne. Pytanie, gdzie jest jajko, gdzie jest kura? W latach dziewięćdziesiątych „Gazeta Wyborcza" realizowała duże, reporterskie materiały. Zatrudniała korespondentów, o których się upominasz. Później przyszedł spadek sprzedaży i dochodów, pojawił się Internet, który pasożytuje na tradycyjnych mediach, a jednocześnie bardzo spłyca dziennikarstwo.

„New York Times", wydanie internetowe, inwestuje w dział reportażu coraz większe pieniądze. Może polskie media przespały moment, w którym można było zrobić to inaczej?

Media anglojęzyczne są w innej sytuacji. Kiedyś we Wrocławiu zamordowano kobietę i sprawy nie wyjaśniono. Po jakimś czasie ukazała się książka o tym morderstwie. Autora, na podstawie poszlak, skazano. Mój kolega, pracujący wtedy w „Rzeczpospolitej", zamówił reportaż. Dziennikarz pracował dwa tygodnie, tekst był dobry. Po czym w „New Yorkerze" pojawił się materiał na ten sam temat – nie miał ośmiu stron, ale czterdzieści. Olśniewająca praca, fantastyczna dziennikarska robota. Tyle że ten reportaż powstawał pół roku. Autor miał środki, żeby zatrudnić dokumentalistów, researcherów, sprawdzić kilka wątków. „New Yorker" sprzedaje się pewnie na poziomie 700–800 tysięcy egzemplarzy, bo trafia nie tylko na 300-milionowy rynek amerykański, ale na 2-miliardowy rynek światowy.

Zbyt łatwo przychodzi nam usprawiedliwianie wszystkiego brakiem środków i złą sprzedażą. Mówimy, że nie ma pieniędzy, ale redaktor naczelny tabloidu zarabia czterdzieści pięć tysięcy złotych miesięcznie (raport „Press", grudzień 2014). To środki na pracę dla dwóch reporterów. Coś tu stoi na głowie.

Ci dwaj reporterzy nie zwrócą tych pieniędzy szybko, a naczelny tabloidu opublikuje zdjęcie dziewczynki zamordowanej przez wariata i sprzeda dzięki temu pięćdziesiąt tysięcy egzemplarzy więcej. Od paru lat pracuję jako autor zewnętrzny, ale będąc w „Polityce", brałem udział niemal we wszystkich zebraniach i widziałem redakcję, która naprawdę chciała tworzyć dobre pismo, jednak z tygodnia na tydzień, niezależnie od wszystkiego, spadała sprzedaż. Spadała tym szybciej, im ambitniejsze tematy pojawiały się na okładce. Więc gdy Miecugow pyta, kto jest winny: media czy całość cywilizacyjna, ja stawiałbym na to drugie. Widziałem zbyt wiele ambitnych tytułów, które przegrywały z rzeczywistością.

Nauka
Kraj
Wakacyjna szansa dla studentów
Rządowy spór o inwigilację
ars na Hawajach
Afrykański narkotyk w Polsce
IPN poszuka miejsca spoczynku „Warszyca"
Takich historii jak ta o „złotym pociągu" jest u nas mnóstwo
MUMBAI

Czyli winny jest odbiorca. Leniwy i głupi.

Gościł u mnie Iwo Zaniewski – ważna postać polskiej reklamy. Podzielił się badaniami, które dowodzą, że z roku na rok spada zdolność ogólnego rozumienia. Reklama bazuje na skojarzeniach, grepsach, wiedzy ogólnej. Iwo mówił, że te pola skojarzeń są coraz węższe. Więc idziemy w złą stronę. I jeśli pytasz mnie, czy tabloidy wnoszą coś pozytywnego do życia publicznego, to odpowiem, że nie wnoszą. Czy zabierają z rynku mediów pieniądze? Zabierają. Jest, jak jest.

Więc biała flaga. Niech świat płonie i upada.

Paradoksalnie, medialna dyktatura w PRL miała 99 procent skutków negatywnych i jeden procent pozytywnych. „Express Wieczorny", tabloid tamtych czasów, to Schopenhauer przy tym, co dzieje się dzisiaj. Kabaret Starszych Panów, ambitny i ciekawy, miał olbrzymią oglądalność, bo nie było alternatywy. Drugi program telewizji albo jeszcze nie istniał, albo raczkował. Dzisiaj mamy nasz warszawski Pożar w Burdelu, ale… Zacząć od pozytywnego czy negatywnego?

Pozytywnego.

Sala mieści do ośmiuset osób, bilety sprzedają się w ciągu dwóch tygodni. Nie są tanie, ceny zaczynają się od siedemdziesięciu złotych. Grają od dziesięciu do piętnastu spektakli z każdego repertuaru, więc sprzedają bardzo dużo, pewnie do dziesięciu tysięcy. I to jest super.

I gdzie negatyw?

Tylko dziesięć tysięcy osób w dwumilionowym mieście wybiera taki spektakl. Wiem, że ich próby pojawienia się w telewizji nie przynoszą efektu. W Internecie nie mają takich wyników, jak Abstrachuje czy Z Dupy, który skądinąd bardzo mnie śmieszy.

Mówisz, że naczelny tabloidu zarabia, bo sprzedaje. Gdzie tu jest odpowiedzialność za odbiorcę? Co robi wydawca, który powinien powiedzieć, że tak nie można?

Wydawca ma nad sobą prezesów, a prezesi radę nadzorczą. Rada swoich udziałowców, których interesują wyłącznie słupki. I to nie tylko słupki sprzedaży, ale też wzrostu. I ten łańcuch jest tak długi, że ci panowie nie widzą związku z okładką tabloidu. Widzą tabelki.

Mamy jeszcze media publiczne. Tam sprzedaż i wzrost nie mają aż tak dużego znaczenia. A przynajmniej nie powinny.

I to jest moja ostatnia nadzieja. Media publiczne nie powinny utrzymywać się z abonamentu, tylko z kwoty zapisanej w budżecie. Telewizja publiczna, przynajmniej jeden jej kanał, powinna mieć możliwość spokojnego realizowania dobrego programu, który będzie sumą doświadczeń najlepszych nadawców publicznych z Europy Zachodniej. I obok program komercyjny. Komercyjny w tym sensie, że zmieści się tam format typu „Gwiazdy tańczą na widłach". Ten drugi kanał będzie zarabiał na misję, na którą i tak już będą częściowo zapewnione środki z budżetu.

Problem to kurator takich mediów. Jak wybrać tych ludzi w warunkach domowej zimnej wojny?

Warto siąść i negocjować, szukać przestrzeni na kompromis. Liberałowie boją się dzisiaj, że do TVP przyjdzie prawica i zacznie realizować coś, co nazywa misją narodową. Ale na przykład *Czas honoru* to serial, który – jak rozumiem – buduje tożsamość narodową, czyli coś, o co chodzi prawej stronie, a liberałowie z jego powodu nie cierpią.

I wierzysz, że znajdzie się zespół, który w jednej ramówce zmieści *Czas honoru* i *Pokłosie*?

A czemu nie? Jest w TVP Tomasz Lis i jest Jan Pospieszalski. Oczywiście zwolennicy Pospieszalskiego powiedzą, że ten drugi jest marginalizowany przez małą antenę, ale to jest kwestia wyników.

Moje marzenie to telewizja, która pokaże i *Pokłosie*, i *Czas honoru*. A później w studiu usiądzie Bogusław Linda, który w *Pokłosiu* nie zagrał, i Maciej Stuhr, który zagrał. I porozmawiają.

Tak się już działo. Podjęto decyzję o emisji niemieckiego serialu o II wojnie światowej, a później, zaraz po, odbyła się dyskusja w studio. I zgadzam się, że to ma sens. Można pokazać *Pokłosie*, *Idę*, Krauze zaraz kończy *Smoleńsk*.
(Autoryzuję ten tekst już za prezesury Jacka Kurskiego, więc czytając, co powyżej, mogę tylko radośnie zarżeć).

Tyle że polska zimna wojna to nie jest tylko kwestia konfliktu, ale woli rozmowy w ogóle. Wykluczamy. Wiesz, jak zaczyna się Twoja biografia w Wikipedii?

„Pochodzi z zasymilowanej rodziny żydowskiej".
Choć z zasymilowanej rodziny żydowskiej pochodził mój ojciec, nie ja. A on sam czuł się Polakiem. Moja mama zaś to Polka, katoliczka spod Lwowa. Ale dla części społeczeństwa zawsze będę Żydem. Kiedyś zresztą pisałem, że każdy, kto tak twierdzi, zakłada, że ten element żydowski jest silniejszy od elementu polskiego. Co jest w zasadzie myśleniem antypolskim.

Dlaczego tego wpisu nie zmienisz? Dla frazy „Marcin Meller” to pierwszy wynik w Google.

Każdy ma jedno życie, a w tym życiu – priorytety. Rodzina, dzieci, przyjaciele, praca. Zresztą, jeśli ten wpis zostanie zmieniony na moją prośbę, to zaraz pojawią się głosy, że się wstydzę. A nie wstydzę się, wręcz jestem dumny z płynącej we mnie polsko-żydowskiej mieszanki krwi i historii. Więc tym bardziej odpuszczam jakieś zdanie z Wikipedii.

Odpuszczasz, ale jak rozmawiamy o komentarzach pod tekstem na Onecie, podkreślasz, że nazywają Cię Żydem, który śmierdzi czosnkiem.

Liczy się intencja. Jedna rzecz to korzenie mojego ojca, a druga to takie epitety. Za określeniem „Żyd” w komentarzu pod tekstem kryje się konkretna definicja. Tam jest i zdrada, i działanie na szkodę narodu. Kiedy Bronisław Wildstein mówił o swoich żydowskich korzeniach, nie budził takich reakcji. W obu przypadkach „Żyd” znaczy coś kompletnie innego.

Mój problem z komentarzami jest inny – one ranią bohaterów moich materiałów. Bo jeśli obrywa się mnie, trudno, ryzyko zawodowe.

Gazeta.pl decyduje się co jakiś czas na wyłączenie forum. Uważam, że całkiem słusznie. W felietonie Zbigniewa Hołdysa trafiłem na historię szefowej Reddita, która musiała ustąpić, bo nie chciała przykładać ręki do eskalacji nienawistnych komentarzy. I znów wracamy do pieniędzy, bo brak komentarzy to mniejszy ruch na stronach. A mniejszy ruch na stronach to mniejszy zysk. Oczywiście istnieje jeszcze wariant pośredni, jak na stronach „Economista”, czyli ścisła moderacja.

Ścisła moderacja to dodatkowe koszty. W przypadku treści eksperckich – duże.

To jest dokładnie tak jak z telewizją publiczną. Życzyłbym sobie, żeby media internetowe było stać na zatrudnianie dobrych moderatorów.

Jedyne wyjście: prymat pieniądza musi ustąpić.

To jest niemożliwe.

Czyli jednak biała flaga.

Pieniądze, zysk, chciwość. To jest jeden z podstawowych ludzkich atawizmów. Nie da się tego zatrzymać.

Skoro o podstawowych ludzkich atawizmach i o mediach… „Playboy" bardzo mi nie pasuje do układanki „Marcin Meller". Korespondent wojenny, „Polityka", bardzo dobre materiały reporterskie. I pismo z nagimi paniami na osiem lat.

Powody były trzy. Jeden, że po dwunastu latach w „Polityce" byłem zwyczajnie zmęczony. Lubiłem pracę za granicą i materiały reporterskie, ale nastąpiła zmiana, o której rozmawialiśmy.
Media się zmieniły, nie mogłem jeździć na dłużej. Praca w dziale społecznym i teksty publicystyczne kompletnie mnie wtedy nie interesowały. Myślałem, że rozstanę się z dziennikarstwem w ogóle.

Drugi powód?

W „Polityce" mało zarabiałem. Ciągle tkwiłem w długach.
Za reportaż otrzymywałem mniej niż ktoś inny za publicystyczne pierdolety pisane zza biurka. I mówię otwarcie, że perspektywa przyzwoitych zarobków miała znaczenie.

A trzeci to „hej, przygodo!”. Skoro nie byłem w stanie robić w „Polityce” tego, co chciałem, postanowiłem przyjąć tę propozycję. W myśl zasady: niech się dzieje. Szedłem tam, myśląc, że to przygoda na dwa, trzy lata.

Stanęło na ośmiu. Kinga Dunin bardzo brzydko o Tobie pisała.

A Kazimiera Szczuka wylała mi piwo na twarz.

Zmieniłeś „Playboya”, pojawiło się wiele dobrych wywiadów i publicystyki. Ale to wciąż pismo z rozkładówką. Medium, gdzie kobieta to obiekt seksualny. I nie mów, że mężczyźni lubią patrzeć na piękne kobiety, bo to truizm.

Mam w głowie taki rysunek satyryczny, gdzie nad łóżkiem studenta w akademiku jest plakat z „Playboya”. Obok komisja i podpis: „Niestety, nic z tym nie możemy zrobić, to naprawdę jest jego babcia”. Mężczyźni chcą patrzeć na piękne kobiety. Zawsze tak było, jest i będzie.

To biologia. Po to mamy kulturę, w tym kulturę intelektualną, żeby w pewnych sytuacjach stanąć ponad tym.

Mam całe tomy ilustracji z różnych okresów historycznych, od starożytności do teraz. Tam mniej lub bardziej wyszukane sceny. Erotyka zawsze była obecna w życiu ludzi.

Czym innym jest artystyczny akt, czym innymi rozkładówka „Playboya”. Inna funkcja dzieła. Pozwoliłbyś na taką sesję mamie, żonie, córce?

Wiele zdjęć „Playboya” to już klasyka. Ale to jest bardzo dobre pytanie. Czasami pytają o Ankę. Odpowiadam, że jest samodzielna i niezależna. Może sama podjąć decyzję.

A mama?

W przypadku mamy mielibyśmy sytuację zastaną.

Córka?

[...]

Co z córką?

Zawieśmy to pytanie na siedemnaście lat.

Swoją drogą, nie chciałeś rozmawiać o dzieciach.

Mamy wystarczająco dyżurnych specjalistów od procesów wychowawczych. Popełniłem kilka felietonów, ale to za mało, żeby głosić prawdy objawione. Nie chcę wchodzić w rolę Naczelnego Ojca Rzeczpospolitej.

Dzieci są ważne.

Bardzo ważne.

I nawet jeśli nie będziesz Naczelnym Ojcem Rzeczpospolitej, to dla nich tę Rzeczpospolitą układamy. A tu jest nieustająca strefa wrzenia z potencjałem wybuchowym.

Jest. I nie da się postawić prostej diagnozy, skąd to wrzenie. Największe konflikty zawsze wybuchają wśród ludzi, którym do siebie blisko. Przed wojną faszyści nienawidzili konserwatywnej prawicy, socjaliści skakali do gardeł komunistom. Teraz mamy zimną wojnę wśród ludzi, którzy wyszli z jednego obozu, z „Solidarności". Rok 2005 był przełomowy, a po Smoleńsku mieliśmy erupcję wulkanu. Niepokojące jest, że nikt nie szuka środka. Są dwie strony i konflikt totalny.

Media, o których rozmawiamy, dołożyły tu swoje.

Bo kiedy mamy dwa obozy, a do tego dochodzi ta ogólna marna kondycja wszystkiego, najlepiej sprzedają się nazwiska wyraziste. Z jednej strony Lis, Kuźniar, z drugiej – Ziemkiewicz, Karnowscy. Ich się kocha albo nienawidzi. Albo jesteś fanem, albo chcesz człowieka zabić. Każdy, kto staje w środku, jest nudny. Ważenie różnych racji nikogo nie kręci. Próba szukania środka, na moim przykładzie, kończy się tak, że obrywasz od wszystkich.

Jesteś pies łańcuchowy Platformy i kryptopisowiec.

Nie żeby mi to przeszkadzało. Moja książka miała pierwotnie nosić inny tytuł *Między plemionami*. Niestety straciliśmy zdolność do słuchania drugiej strony, więc jeśli coś się wymyka z tego, co znamy, to reagujemy alergicznie.

Zaryzykuję tezę, że w pierwszej kolejności przestały słuchać środowiska związane z Unią Wolności i „Gazetą Wyborczą". Jesteśmy elitą, wiemy lepiej, każdy, kto myśli inaczej, to ciemnogród. No i teraz macie.

Tu jest więcej wątków. Prawica demonizuje tak zwany salon lewicowo-liberalny, ale często dzieje się tak, że najwięcej krytyki wobec tego środowiska wypływa z ust ludzi, którzy jeszcze niedawno stali do niego w kolejce. Znam dziennikarzy, którzy marzyli o tym, żeby dostać się do „Wyborczej" albo do „Polityki". Nie wyszło i jest zwykła ludzka frustra, którą trzeba odreagować.

Proszę Cię.

Przecież to jest zupełnie naturalne: pojawia się poczucie odrzucenia, do którego trzeba dorobić ideologię.

Podaj przykład.

To jest trudne, bo nie chciałbym nikogo skrzywdzić. Ale żebyś wiedział, o czym mówię, pierwsza z brzegu – Joanna Lichocka. Dzisiaj na listach PiS, wicenaczelna „Gazety Polskiej”, Dolores Ibarruri prawicy. Kiedy Paweł Lisicki wyrzucił ją z „Rzeczpospolitej”, to chciała pracować w TVN24. To działo się zaledwie parę lat temu. Najbardziej niepokorni z niepokornych poszli w kontestację, bo nie zostali przytuleni przez towarzystwo. Zresztą to jest droga dwukierunkowa, ludziom salonu też odwijało w drugą stronę.

Umówmy się jednak, że w polsko-polskiej wojnie problem osobistych aspiracji jest jednak marginalny.

To jest jeden z wielu wątków, ale uporczywie pomijany. I dlatego o nim mówię. *Przypadek* Kieślowskiego to jeden z moich ulubionych filmów. Naprawdę wiele zależy od tego, do jakiego pociągu uda się wsiąść. Co by było, gdyby Jarosław Kaczyński nie miał alergii na Stefana Niesiołowskiego? Przecież on mentalnie świetnie pasuje do PiS.

Światopoglądowo też.

Idealnie. Byłby pierwszym zakapiorem Jarosława Kaczyńskiego. A Joanna Kluzik-Rostkowska? Przecież ona znalazła się w PiS, bo czuła się po ludzku zobowiązana wobec Jarosława Kaczyńskiego, który był jej szefem w „Tygodniku Solidarność”. Nie trzeba wielkich analiz, żeby zobaczyć, że jej zawsze było bliżej do centrum.

Beata Szydło chciała dostać się na listy PO, dopiero później pojawiła się w PiS.

To jest dokładnie ten sam casus. Jak wyglądałaby kampania Andrzeja Dudy, a później PiS, gdyby Beata Szydło dostała się na listy PO? Beacie Szydło pociąg z tabliczką „PO” odjechał.

Mówimy o mediach i elitach politycznych, tymczasem ten podział jest poważniejszy, bo głęboko społeczny.

I bardzo realny. To spór pomiędzy tymi, którzy są zadowoleni ze zmian po osiemdziesiątym dziewiątym roku, i tymi, których nowa rzeczywistość rozczarowała. Trudno mówić o konflikcie lewica – prawica, bo tu wszystko stanęło na głowie. Niezależnie od liczby przyczyn, które wskażemy, czy błędy transformacji, czy element ludzki i osobiste ambicje, czy jakiś czynnik przypadku, mamy wojnę. W latach dziewięćdziesiątych, kiedy oś przebiegała pomiędzy środowiskami postkomunistycznymi i postsolidarnościowymi, ten spór nie był tak agresywny.

Może: dwóch się bije, niech trzeci skorzysta. W końcu jakiś przyzwoity środek.

Były próby i nic z tego nie wychodziło. Polska Jest Najważniejsza, katastrofa. Nowa Lewica, czyli Palikot, katastrofa. Próba nowej wersji kontestacji, czyli Kukiz, to widzimy, jak żenującą postać to przybiera. Ja się chętnie złapię, jak pijany płotu, jakiegoś rozsądnego środka, ale nie widzę perspektywy.

To znów teza: problem polega na tym, że zgubiliśmy wątki wspólne. Amerykanie potrafią sobie skakać do gardeł, ale mają wspólne pojęcie patriotyzmu i dobrze rozumianej dumy narodowej.

Jest płacz, że prawica zawłaszczyła tradycję niepodległościową i patriotyczną. Owszem, zawłaszczyła, ale co było wcześniej? Druga strona kompletnie o tym zapomniała, odpuściła. Paradoks polega na tym, że prawica zawłaszczyła nawet tradycję PPS, czyli tradycję do bólu lewicową!

Przywołuję Stany Zjednoczone, bo właśnie tam mamy taki prosty, poczciwy, niekontestujący patriotyzm. I to jest coś, co łączy.

Próby stworzenia takiej narracji, czyli pozytywnego, poczciwego patriotyzmu, podejmował Bronisław Komorowski, ale co z tego wyszło, to wiemy. Czekoladowy orzeł, różowe ulotki. No niestety, to nie może być przaśne. Łatwo powiedzieć, powtórzmy model amerykański, ale u nas ten podział jest tak głęboki, że cokolwiek zaproponuje jedna strona, zostanie odrzucone przez drugą.

Średnio się odnajdujesz pomiędzy tymi plemionami, prawda? Jednego dnia idziesz w Marszu Równości, którego Lech Kaczyński zakazał, drugiego gardłujesz za pomnikiem byłego prezydenta.

Drażni mnie stadne myślenie i proste kalki. I jest jeszcze moja przekora, czyli żeby zawsze trzymać się tej strony, która akurat dostaje po głowie. Oczywiście, wychowanie, doświadczenia z opozycji, to wszystko również. Pojadę lekkim patosem, ale to jest herbertowska kwestia smaku.

Rozwiń patos.

Czasami trzeba się nie zgodzić. Nawet ze swoimi i nawet jeśli to ma trochę kosztować, choć umówmy się, ja tu wielkiej ceny nie płacę. Trzymajmy się sprawy Lecha Kaczyńskiego, to dobry przykład. Uważałem, że podejście mojego obozu jest małostkowe. Nie głosowałem na Lecha Kaczyńskiego, ale rzecz idzie o szacunek do urzędu. Brak tego pomnika jest antypaństwowy, a przynajmniej w takim znaczeniu, w jakim ja rozumiem państwo.

Jak rozumiesz państwo?

Państwo jest wartością, naród również, ale w szerokim rozumieniu, bez wykluczeń. I jak się okazuje, to jest jedna z niewielu naprawdę trwałych wartości. Państwo to konstrukcja, ramy dla obywateli.

Państwo broni interesów obywateli i odwrotnie, obywatele powinni się z tym państwem utożsamiać, szanować je. W konsekwencji powinni szanować instytucje państwowe. Nie czcić – bez przesady – ale szanować. Nam się znowu popieprzyło, bo państwo nie ufa obywatelowi, patrz Urząd Skarbowy, a robienie państwa w balona to jest nasz sport narodowy. Wracając do pomnika Lecha Kaczyńskiego. Państwo było dla niego istotne. Nikt nie kwestionował jego intencji, problem mieliśmy z tym, jak te intencje przekuwane są w czyn. I znów będzie patos: zginął na służbie. To nie była prywatna wycieczka. Zmarł, pełniąc obowiązki głowy państwa. Więc w czym jest problem? W tym, że nie nasz. A to jest małostkowe.

Znam ludzi, którzy bez cienia wątpliwości powiedzą: Polska to gówno.

Przypomina mi się historia jeszcze z NZS. Byliśmy w Paryżu, gdzie spotkałem ludzi z Chile. To był okres, kiedy dogorywała władza Pinocheta. Jedna z dziewczyn napisała na ścianie: „Chile to gówno". I oni, a wszyscy sprzeciwiali się tam Pinochetowi, zaczęli dyskutować, czy tak napisać można.

Twoje stanowisko?

Powiedziałem, że chociaż tu rządzą komuniści, nie potrafię napisać, że Polska to gówno. Tak, rządzili komuniści, nie wiedzieliśmy, że to wszystko zaraz gruchnie, ale nie mógłbym tak powiedzieć o swoim kraju.

Środek środkiem. Łatwiej cię jednak posadzić na ławce po lewej stronie.

Inaczej. Bardziej niepokoi mnie to, co dzieje się na prawej, niż na lewej. Projekt komunistyczny, w takim bolszewickim rozumieniu, jest martwy.

Tymczasem na prawej stronie mamy ogólnoeuropejski renesans. Mam prywatnego hyzia i staram się czytać wszystko, co wychodzi na temat nazizmu. Uderzające jest, jak na tamte czasy nazistowskie formacje były nowoczesne. Niezwykle sprawnie, a jednocześnie cynicznie, wykorzystano wszystkie demokratyczne mechanizmy.

Formacje skrajnie prawicowe zyskują w Europie, ale to wciąż jest mniejszość. I wciąż jest silna przeciwwaga ruchów wolnościowych.

Ale są na wznoszącej, mają proste odpowiedzi, choćby na zagrożenie islamskie, najazd imigrantów, a proste odpowiedzi szczególnie przyciągają młodzież. I coraz mocniej kwestionują liberalną demokrację, opowiadając się za jakimś autokratycznym nie wiadomo czym. Więc tak, nieraz zastanawiam się, że może to Tomasz Lis, który krzyczy: „Faszyści! Alarm!", ma rację?

Ale są na wznoszącej, mają proste odpowiedzi, choćby na zagrożenie islamskie, najazd imigrantów, a proste odpowiedzi szczególnie przyciągają młodzież. I coraz mocniej kwestionują liberalną demokrację, opowiadając się za jakimś autokratycznym nie wiadomo czym.

Może jest tak, że wątpliwości są wpisane w tę próbę trzymania się środka. I już.

Zdecydowanie. Bardzo wygodnie jest funkcjonować w określonym pakiecie poglądów. Tu my, tam oni, pozamiatane. Ja nie potrafię, więc pewnie jeszcze parę razy usłyszę: „Marcin, co ty p*****?".

Marcin Meller – *działacz Niezależnego Zrzeszenia Studentów, reporter i korespondent wojenny „Polityki", w latach 2003–2012 redaktor naczelny polskiej edycji miesięcznika „Playboy". Felietonista tygodnika „Newsweek". W TVN24 prowadzi program kulturalny „Drugie śniadanie mistrzów". Wydał dwie książki:* Gaumardżos! Opowieści z Gruzji *(razem z Anną Dziewit-Meller) i zbiór felietonów* Między wariatami.

Rozmawialiśmy o wojnie polsko-polskiej. Tomasz Raczek wspomniał o przyjacielu, który drastycznie odbił na prawo (a trudno Raczkowi przypisać sympatię do tego sposobu myślenia): „Choć mówi i pisze rzeczy okropne, postanowiłem, że z niego nie zrezygnuję".

Krytyk filmowy nie może być tchórzem

Rozmowa z Tomaszem Raczkiem

Dlaczego ktoś inny ma decydować o tym, jakie treści są dla mnie szkodliwe? To jest cenzura prewencyjna: ktoś stawia samego siebie w pozycji lepiej wiedzącego; daje sobie prawo do decydowania o tym, jak mamy żyć. Otóż ja takiego prawa nie daję nikomu. Ani Kościołowi, ani władzy świeckiej, ani władzy rodzicielskiej…

Z Tomaszem Raczkiem, popularyzatorem kultury, krytykiem filmowym i publicystą, rozmawiamy o śmiałych obyczajowo okładkach, wolności i o dziennikarzach, którzy za zdjęcie z Julią Roberts płacą zawodową uległością.

INTERNATIONAL MOVIE PROJECT

Książki znikają z bibliotek.

Biblioteki powinny posiadać możliwie szeroką ofertę. Tylko czytelnik może decydować o tym, jaka książka jest dla niego odpowiednia. Nikt inny.

Okładki Latarnika bywają – szukam eufemizmu – bardzo odważne.

Jeśli czytelnik sięgnie po książkę ze zbyt śmiałą obyczajowo okładką, to być może odczuje dyskomfort i odłoży ją na półkę. Nic więcej złego nie może się stać. Koniec. Kolejna osoba, która zobaczy tę okładkę, poczuje przyjemność. Jeszcze inna pozostanie neutralna. Obecność tej książki w bibliotece daje wybór.

Jeśli napiszę nowe *Mein Kampf*, to czy powinienem tę książkę umieścić w bibliotekach?

Tak, jestem za. Ważne, co my z tą książką zrobimy dalej. W przypadku takich dzieł potrzebna jest dyskusja. Jeśli ta książka nie będzie dostępna, to nie będzie rozmowy. Tytuł i tak się pojawi. Każda cenzura, każde ograniczenie, rodzi pewien rodzaj konspiracji.

Umówmy się, że istnieją dzieła szkodliwe.

Dlaczego ktoś inny ma decydować o tym, jakie treści są dla mnie szkodliwe? To jest cenzura prewencyjna: ktoś stawia samego siebie w pozycji lepiej wiedzącego; daje sobie prawo do decydowania o tym, jak mamy żyć. Otóż ja takiego prawa nie daję nikomu. Ani Kościołowi, ani władzy świeckiej, ani władzy rodzicielskiej…

Władzy rodzicielskiej? Pan chce, żeby rodzice nie mogli decydować o tym, jakie książki czytają ich dzieci?

Jako dwunastolatek buntowałem się przeciw ograniczeniom wiekowym w filmach. Dzisiaj, po wielu latach, potwierdzam swoje uczucia z tamtego okresu. Już jako dorosły mogę powiedzieć, że nie ma nic bardziej głupiego, złego i szkodliwego niż ustanawianie twardych progów wiekowych w dostępie do kultury.

W wieku dwunastu lat z kolegą ze szkolnej ławki obejrzałem *Fanatyka* Henry'ego Beana. Jednego z nas film uwrażliwił, drugi zgolił głowę i zaczął zabawę w nazizm. Może byłoby lepiej, gdybyśmy ten film zobaczyli cztery lata później? Mimo wszystko?

Pana doświadczenie tylko potwierdza mój sposób myślenia. Założenie, że wszystkie dzieci w wieku dwunastu–czternastu lat są takie same, to szkodliwy fałsz. Są dzieci, które mając lat dwanaście, są w pełni przygotowane do korzystania z tego, co dorośli uznali za odpowiednie od szesnastego roku życia. I są ludzie, którzy na zawsze zatrzymają się na etapie rozwoju nastolatka.

Założenie, że wszystkie dzieci w wieku 12–14 lat są takie same, to szkodliwy fałsz. Są dzieci, które, mając lat 12, są w pełni przygotowane do korzystania z tego, co dorośli uznali za odpowiednie od 16. roku życia. I są ludzie, którzy na zawsze zatrzymają się na etapie rozwoju nastolatka.

Więc dla dobra dojrzałych dwunastolatków mamy ryzykować tymi, którzy jeszcze nie są gotowi? *Fanatyk* to film bardzo brutalny, pokazuje kult siły, siłę grupy. Bean zawarł w nim wiele wątków, które dla dwunastoletniego chłopca mogą być niezwykle pociągające.

Mamy trzy warianty. Pierwszy: ograniczyć dostęp do filmu dla wszystkich poniżej pewnego wieku. Drugi: iść z tym ograniczeniem dalej i udostępnić film tylko i wyłącznie osobom dorosłym. Trzeci wariant: porozmawiać z młodym widzem, przygotować go i towarzyszyć mu.

I jak rozumiem, Pan stawia na wariant trzeci.

Pierwszy jest okropny. Zakaz dostępu do pewnych treści tym, którzy mogą je dobrze zrozumieć, tylko dlatego, że ktoś inny nie potrafi, to okrutna niesprawiedliwość. Mam takie wspomnienie ze szkoły: trzy razy przerabialiśmy tę samą lekturę, nie mogliśmy posunąć się naprzód z materiałem. Zasugerowałem nauczycielce, że już wystarczy, że dłużej nie można… Zostałem zganiony. Usłyszałem: „Tomku, wstydź się! Szybciej opanowałeś materiał, ale nie bądź egoistą, nie wszyscy koledzy jeszcze zrozumieli, musisz być wyrozumiały”. Nie wstydziłem się jednak, za to zapamiętałem: może i mamy równe prawa, ale nie jesteśmy tacy sami.

Boję się świata, w którym nie liczymy się ze słabszymi. Wrażliwość jest ważna.

Niech idą na te filmy, sięgają po te książki, ale trzeba być przy nich. Niestety tej roli dorośli najczęściej nie podejmują.

To jest logika, która mówi, że jeśli komuś rodzi się dziecko bez ręki, to wszystkie inne również musimy pozbawić rąk. Zresztą jeszcze niedawno było tak, że mańkutów zmuszano do pisania prawą ręką. Żądano ode mnie, żebym zatrzymał się w nauce tylko dlatego, że inni byli mniej zdolni albo leniwi. To nie fair! Dlaczego ci, którzy mogliby osiągnąć więcej, muszą stać w miejscu i udawać, że są tacy jak wszyscy?

Dorosły widz potrafi zdobyć się na większy dystans niż nastolatek. Stąd ograniczenia, o których mówimy.

Weźmy drugi wariant: dostęp tylko dla pełnoletnich. Też się nie zgadzam. Nie ma Pan żadnej gwarancji, że idąc z kolegą na *Fanatyka* teraz, zareagowalibyście inaczej. Pan mógłby uznać film za interesujący, a Pana kolega ogolić głowę i już nie tylko marzyć o nazizmie, ale zapisać się do jednej ze skrajnie prawicowych organizacji. I wprowadzić marzenia w czyn. Na szczęście jest jeszcze wariant trzeci…

Czyli obecność.

Przygotowanie młodego człowieka do odbioru wybranych treści. Bardzo ważna jest rozmowa. Wierzę w jej siłę. Reasumując: niech idą na te filmy, sięgają po te książki, ale trzeba być przy nich. Niestety tej roli dorośli najczęściej nie podejmują.

Nie wszyscy rodzice są w stanie towarzyszyć dziecku w taki sposób. Brakuje im wiedzy i doświadczenia.

Oczywiście, że mamy inną sytuację, kiedy rodzi się dziecko w rodzinie prawników czy lekarzy, a inną, kiedy pojawia się fenomenalnie uzdolniony chłopiec w rolniczej rodzinie w Bieszczadach. Ale rodzic, który nie jest w stanie rozmawiać z dzieckiem na dany temat, wciąż może mu towarzyszyć. Może dobrze poradzić, znaleźć kogoś innego, kto go zastąpi w stymulowaniu rozwoju, kupić odpowiednie książki. Albo po prostu zgodzić się na to, żeby taki młody człowiek wyjechał do szkoły w większym mieście. Rodzic, który czuje się intelektualnie słabszy od swojego dziecka, powinien zadbać o to, aby to dziecko nie zmarnowało swoich możliwości.

Pan urodził się w Warszawie. Przeprowadzka do większego miasta nie była konieczna.

Mama była lekarzem, ojciec ekonomistą, wcześniej studiował pianistykę. Sztuki, teatru, filmu, słuchania muzyki uczyłem się w domu, nie w szkole. Dyskutowaliśmy po każdej wysłuchanej symfonii. Pytałem: „Tato, jak odróżnić dobre wykonanie *V Symfonii* Beethovena od złego?”. Miałem szczęście, że znalazłem w ojcu takiego partnera.

Dam głowę, że szkolni koledzy, którzy potrzebowali trzy razy powtórzyć materiał, takiego partnera nie mieli.

Gdyby nie rodzice, byłoby mi oczywiście zdecydowanie trudniej. Tyle że nie czuję się z tego powodu winny. Czułbym się, gdybym – mając takie przygotowanie i takie możliwości – tego nie wykorzystał. Czułbym się winny wobec losu, wobec moich rodziców, wobec siebie samego, że zmarnowałem to wszystko. Pan stawiał mi zarzut o egoizm…

I jestem gotów go bronić.

Więc powiem wprost: czułbym się też winny wobec tych wszystkich ludzi, którzy takich możliwości nie mieli.

Proszę rozwinąć.

Przez długi czas nie umiałem sobie odpowiedzieć na pytanie, kim tak naprawdę jestem: czy krytykiem filmowym, czy dziennikarzem, czy wydawcą. Dzisiaj nie mam już żadnych wątpliwości. Otóż jestem popularyzatorem kultury. Przede wszystkim – popularyzatorem świadomego odbioru filmów. W ten sposób oddaję innym tę nadwyżkę, którą dostałem od losu.

Szkoła uczy, jak odbierać i interpretować literaturę. Wiemy, że samo przeczytanie dzieła to za mało. Jest kontekst, mnogość znaczeń i odniesień. Odbioru kina nikt nas nie uczy.

Film został wymyślony jako widowisko masowe, ogólnodostępne – jako rozrywka. Pan mówi o podstawach filmoznawczych, a filmoznawstwo – którego nie lubię – robi z kina naukę, daje za to magistra. Moim zdaniem naukowe metody badania zabijają sztukę. Te metody są potrzebne tylko do tego, żeby katalogować i porządkować pewne fakty, budować historię dyscypliny, ale nie są potrzebne widzom do odbierania sztuki.

Jeśli znam ograniczoną liczbę słów, to nie zrozumiem książki, która jest zbudowana z tych, których nie znam. Mój zarzut wobec systemu edukacji dotyczy właśnie tego, że nikt nie uczy nas języka kina: znaczenia montażu, historii, sięgania do innych dzieł danego twórcy, kontekstów.

Do obejrzenia i przeżycia filmu nie potrzebuje Pan żadnej z wymienionych rzeczy. Piszę o tym w mojej książce *Kinopassana. Sztuka oglądania filmów.* Wierzę, że każdy widz, niezależnie

INTERNATIONAL MOVIE PROJECT

od tego, jak jest przygotowany, czy to jest piąty obejrzany przez niego, czy tysięczny film, ma te same szanse na kontakt z magią kina. To założenie oznacza też, że każdy widz tak naprawdę ogląda inny film. I żaden z nich nie jest ani lepszy, ani gorszy.

Erudycja ma charakter pasywny – dopiero gdy zostanie twórczo wykorzystana, staje się wartością i daje energię. Dlatego moim zdaniem mniej ważne jest, z czym przychodzimy do kina, a bardziej – co z tym, co zobaczyliśmy, zrobimy po zakończeniu seansu.

Erudyta i znawca kina, Tomasz Raczek, może obejrzeć film razem z niewykształconym sprzedawcą mięsa i to będzie równorzędny odbiór kina?

Tak! Zarówno ten widz, który odbiera film wyłącznie na poziomie emocjonalnym, a więc nie odnotowuje nawiązań, cytatów, jak i ten, który zna wszystkie konteksty, ma możliwość pełnowartościowego odbioru filmu. Film wyświetlany na ekranie stanowi bowiem tylko pięćdziesiąt procent przeżycia. Pozostała połowa zależy od nas samych: naszej wrażliwości, stanu zdrowia, emocji danego dnia, od miejsca, w którym oglądamy film, tego, z kim go oglądamy, i naszej osobistej historii. To my sami reżyserujemy tę drugą połowę. Możemy uczynić ją ważną lub zmarnować tę szansę.

Dalej będę bronił tezy, że wiedza o kinie pozwala pełniej i lepiej odebrać film. Mając większą wiedzę, więcej widzimy.

Nie zgadzam się. Erudycja ma charakter pasywny – dopiero gdy zostanie twórczo wykorzystana, staje się wartością i daje energię. Dlatego moim zdaniem mniej ważne jest, z czym przychodzimy do kina, a bardziej – co z tym, co zobaczyliśmy, zrobimy po zakończeniu seansu. Przeprowadziłem po filmach tysiące dyskusji i wiem, że ludzie wykształceni, zakleszczeni w swojej wiedzy, często odbierają film schematycznie, w sposób sformatowany przez swoje wcześniejsze doświadczenia. Tymczasem bywa, że widzowie, którzy zastrzegają, że „nie znają się na filmie", trafiają swoją intuicją w sedno, jak dzieci. Jednak niezależnie od tego, kto bierze udział w rozmowie, zawsze pojawia się głos wskazujący na jakiś ważny, ciekawy aspekt, którego nie dostrzegłem. Bywa, że to są spostrzeżenia, które pozwalają zupełnie inaczej spojrzeć na film. Czasami mam ochotę krzyknąć „Eureka!", bo sam nigdy bym tego nie dostrzegł. Na film nakładamy swoje doświadczenia i to one bywają kluczowe w jego odczytaniu. A że każdy ma różną sumę doświadczeń, w praktyce oglądamy różne filmy. Pamiętajmy, że mówimy cały czas o odbiorze kina, a nie o profesjonalnej krytyce filmowej.

Więc porozmawiajmy o krytyce.

Tu optyka zmienia się diametralnie.

Zmienia?

Zupełnie. Nie mówimy teraz o widzu – odbiorcy, ale o krytyku, który oprócz tego, że ogląda film, to później musi umieć sformułować i interesująco przekazać swoją ocenę. To, o czym Pan mówi, ta potrzeba znajomości alfabetu kina, ma zastosowanie wobec ludzi, którzy zajmują się filmami zawodowo. Szczególnie tych, którzy piszą o filmie. Jestem ostrożny w używaniu określenia „krytyk filmowy", bo moim zdaniem dzisiaj prawdziwych krytyków już prawie nie ma.

Tomasz Raczek: prawdziwych krytyków już nie ma.

Są wyjątki, bardzo nieliczne grono. Potrafię policzyć na palcach osoby piszące po polsku, które można nazwać krytykami. W większości to po prostu recenzenci lub dziennikarze filmowi.

Katarzyna Czajka, jedna z najbardziej poczytnych blogerek kulturalnych, mówi o „dziennikarzach opinii filmowej".

I to nie są krytycy. Krytykiem był Zygmunt Kałużyński – dla mnie wzorzec metra w dziedzinie krytyki filmowej. Posiadał ogromną erudycję, silną osobowość i błyskotliwe pióro; nie bał się wygłaszać poglądów wbrew wszystkim. A krytyk nie może być tchórzem. Nie może przemilczać idącej pod prąd opinii tylko dlatego, że obawia się, że może mu ona zaszkodzić. No i najważniejsze: krytyk nie może łączyć swojej pracy z zawodem dziennikarza filmowego.

Przecież Pan podejmował takie próby.

Podejmowałem i dlatego wiem, że to jest niewykonalne. Zresztą wciąż próbuję, choć wiem, że to kwadratura koła. Nie mogę najpierw z nieskrępowaną dezynwolturą pisać o filmie, a później zabiegać o wywiad z aktorami, którzy w nim zagrali. W większości przypadków skrytykowani twórcy będą się czuć urażeni i dotknięci. Kolejna sprawa: osobiste relacje krytyka z reżyserami i aktorami są niedopuszczalne.

Świat filmowy, zwłaszcza świat filmowy w Polsce, jest bardzo mały. Każdy zna każdego.

Kiedy pracowałem w „Polityce" jako krytyk teatralny, popełniłem sztubacki i jednocześnie kardynalny błąd: przyjmowałem zaproszenia na bankiety, które organizowano z okazji premier. Tam wódka, bratanie się z aktorami, z reżyserem… Dla przykładu: aktor zwierzył mi się, że w trakcie prób przedstawienia zmarł mu ojciec, przeżywa traumę, cud, że do premiery w ogóle doszło. I jak później mam napisać o jego roli, jeśli została zagrana w sposób karygodnie zły?

Jak?

Dylemat jest taki: czy napisać, że to była zła rola w złym przedstawieniu, co powinienem zrobić jako uczciwy krytyk; czy skłamać lub to przemilczeć? To drugie rozwiązanie, omijanie ważnych wątków, byłoby poniżej mojej godności. Ale też nie chcę być świnią, która najpierw z kimś spędza dobry, serdeczny czas, a później pisze coś, co może przekreślić człowiekowi karierę. Te dylematy były nie do rozwikłania. Ale dzięki nim w końcu zrozumiałem wagę zasady, że krytykowi nie wolno pozostawać w osobistych relacjach z ludźmi, których pracę ocenia.

Obawiam się, że jest Pan w tej prawdzie dość osamotniony.

Kiedy mówię o tym młodym krytykom, ludziom w Pana wieku, to oni patrzą na mnie jak na idiotę. Dla nich jedną z największych atrakcji związanych z wykonywaniem tego zawodu jest właśnie wejście w środowisko: zaproszenia na festiwale, wywiady, wspólne drinki. Można być „na ty" z Januszem Gajosem. Niestety, w ten sposób ci młodzi odbierają sobie to, co jest w zawodzie krytyka najważniejsze.

Czyli?

Czyli nieskrępowaną, rzetelną możliwość wyrażania opinii o filmie.

Mówimy o niezależności, wyszliśmy od wiedzy.

Do odbierania filmu wiedza nie jest potrzebna, ale do pisania o filmie – jest konieczna. I tu znów pojawia się postać Zygmunta Kałużyńskiego, który był erudytą i humanistą o bardzo szerokich horyzontach. Wracam do tego, czego Pan oczekuje od odbiorcy, a czego moim zdaniem powinien Pan spodziewać się od zawodowego krytyka. Żeby dobrze pisać o filmie i umieć wskazać to, co w filmie jest najciekawsze, trzeba mieć wszechstronną wiedzę ogólną. Nie filmoznawczą, bo ta przychodzi z czasem. Potrzebna jest wiedza z historii sztuki, muzyki, filozofii, literatury, religii, nawet wiedza technologiczna. Pokażę Panu bibliotekę Zygmunta Kałużyńskiego…

Możliwie szeroką wiedzę powinien mieć każdy. Niezależnie od tego, czym się zajmuje.

Na tak dużą skalę to niemożliwe. Zygmunt Kałużyński nie zajmował się niczym innym – tylko czytał, oglądał, słuchał, a potem o tym pisał i mówił. Nie każdy może sobie na to pozwolić. Właśnie dlatego tak ważna jest rola popularyzatorów, a więc ludzi, którzy potrafią zgromadzoną wiedzą dzielić się z innymi w przystępny sposób.

Zygmunt Kałużyński był Pana mistrzem. Autorytetem.

Stał się nim. Zaczęło się niewinnie. Niezwykle ceniłem w nim to, że zawsze miał inne zdanie niż wszyscy. Ze mną było podobnie, bo od zawsze wiedziałem, że w każdej sprawie będę należał do mniejszości. Spotkaliśmy się, kiedy byłem na pierwszym roku studiów. Okazało się, że Zygmunt nie tylko nie zgadza się z innymi, ale lubi, kiedy ktoś nie zgadza się z nim samym. Moim zdaniem to kolejny aspekt jego wyjątkowości. Wybrał mnie na swojego oponenta, partnera do dyskusji. Z czasem stał się dla mnie autorytetem. Im bardziej go poznawałem, tym większym.

Dzisiaj relacja mistrz – nauczyciel to relikt przeszłości. Wszyscy na tym tracimy.

Proszę zobaczyć, jak uczciwie postawiłem tu akcent. To nie ja wybrałem Zygmunta.

Zygmunt Kałużyński wybrał Pana?

Tak, był taki moment. To Zygmunt wybrał mnie. I to jest kolejny obowiązek tych, którzy otrzymali więcej: powinni znaleźć kogoś, komu mogą to przekazać. Dzisiaj mamy na tym polu olbrzymie zaniechania.

INTERNATION
MOVIE PROJECT

Pan już kogoś wybrał?

Ciągle się rozglądam.

Wielu dziennikarzy i wielu blogerów pisze o filmach w wyniku współpracy z dystrybutorem.

Nie chcę tego zjawiska określać mocnymi wyrazami, ale to nie ma nic wspólnego z krytyką filmową.

Dystrybutorzy nie próbowali ingerować w treść „Filmu", kiedy był Pan naczelnym?

Było trudno pozyskać reklamodawców. Niektórzy dystrybutorzy, owszem, bardzo chcieli reklamować się w piśmie, ale jednocześnie byli zainteresowani tym, jaka opinia na temat filmu pojawi się na łamach. Kiedy mówiliśmy, że to niemożliwe, rezygnowali z reklamy. Błędne koło.

Dystrybutor mówi: „Proszę o pozytywną recenzję, a w zamian reklama za określoną kwotę"? Już nie pytam o „Film", o mechanizm w ogóle.

Czasami bardziej, czasami mniej dosłownie. Nigdy nie jest tak, że to odbywa się wprost. Media dostają zamówienie, najczęściej z działu marketingu, żeby zrobić materiał o filmie, którym normalnie może by się nie interesowały. Bywa, że w redakcjach w powietrzu wisi intuicyjna wiedza, że nie wolno psuć relacji z konkretnym dystrybutorem. To wszystko jest katastrofalne w skutkach, bo dziennikarz nie pisze tego, co myśli, ani tego, jak jest. Musi zakrzywiać rzeczywistość, żeby zadowolić dystrybutora.

Dziennikarz podpisuje się pod recenzją. Daje nazwisko.

Owszem, ale za spolegliwość zawodową są nagrody. Zadowolony producent lub dystrybutor może w nagrodę wysłać niestawiającego się i niegrymaszącego dziennikarza do Anglii lub do USA na przykład na piętnastominutowy wywiad z Julią Roberts, podczas jej obowiązkowego „dnia dla mediów", gdy wykonuje ona zapisane w kontrakcie obowiązki względem promocji nowego filmu. Te spotkania najczęściej odbywają się przy stoliku, gdzie siedzi czterech dziennikarzy z różnych krajów, materiał traktują jako wspólny, każdy z nich ma do niego prawo. Ale skoro dystrybutor decyduje o tym, komu kupić bilet na samolot i wysłać do LA na kawę z Julią Roberts, to jasne jest, że taką szansę otrzymają przede wszystkim ci, którzy dają gwarancję przychylności.

Dystrybutor jest szczęśliwy, a dziennikarz spełnił marzenie.

Tak. Jeśli dziennikarz sprawnie zrealizuje taki materiał, to będzie mógł opublikować trzy wywiady z Julią Roberts w trzech różnych kolorowych pismach. Nazwisko rośnie. No i jest wspólne zdjęcie z Julią do wstawienia na Facebooku. Ale to zamyka takiemu dziennikarzowi drogę do zawodu krytyka filmowego. Marketing jest największym wrogiem krytyków.

Między innymi dzięki marketingowi kino jest dzisiaj tak popularne. Zostało wymyślone jako przemysł, jako produkt!

Nie, proszę Pana, kino zostało wymyślone jako wynalazek techniczny i rozrywka. Dopiero później pojawił się pomysł, że z kina można uczynić przemysł, a zrobili to w dużej mierze polscy Żydzi, którzy wyjechali do Stanów Zjednoczonych z Radomia, Łodzi, Suchej Beskidzkiej. Świetnie opisuje to książka *Pollywood* Andrzeja Krakowskiego. Siła kina bierze się z jego umiejętności natychmiastowego wykorzystywania najnowszych technologii, dostępności i powszechności. Istotnie, marketing ten przemysł wspiera, ale to nie zmienia faktu, że jest on największym wrogiem współczesnej sztuki.

Czuję, że Pan na słowo „marketing" ma alergię.

Bo zależy mi na wartości i na jakości! A cel marketingu jest dokładnie odwrotny: sprzedać NIEZALEŻNIE od wartości. Nie jest ważne, czy dana produkcja jest warta określonych pieniędzy, nie jest ważne, czy to jest dobry produkt. Ważne, że rośnie sprzedaż biletów. Zadanie krytyka polega na tym, że ma powiedzieć ludziom, co jest dobre, a co złe i dlaczego. Ma przestrzegać przed produktami złej jakości!

„Film" przestał się ukazywać. Pan powiedział, że jeśli chce powiedzieć coś ważnego, mocnego, to publikuje na swoim prywatnym profilu na Facebooku, a nie na stronach podmiotów, z którymi Pan współpracuje.

Bo tu mam pełną wolność i nikt nie powie mi, że to jego pieniądze, więc ma prawo życzyć sobie tego czy czegoś innego. Nie cierpię zmieniania tytułów w moich tekstach i sprowadzania ich w ten sposób do poziomu żałośnie trywialnego. A tak się dzisiaj w mediach dzieje i dziennikarz nie ma nad tym prawie żadnej kontroli.

Krytyk z Pana pozycją może sobie na to pozwolić. Niestety proza życia i potrzeba uzupełnienia lodówki sprawia, że ludzie takiej niezależności nie posiadają.

Ale moja lodówka również wymaga uzupełnienia! Mam rachunki. Pozycja pozycją, a kredyt kredytem.

Więc krótko: czy krytyk może żyć z pisania o filmie?

Moja krótka odpowiedź: nie.

To przykra odpowiedź.

Przykra, ale nie nowa. Bywało w historii, że na przykład wielcy pisarze zarabiali na życie, zajmując się czymś kompletnie innym. Juliusz Słowacki pracował w banku. Franz Kafka w urzędzie miejskim, czego zresztą szczerze nienawidził. Niestety relacje kapitalistyczne to jest także forma cenzury. Redakcje potrzebują sponsorów, a sponsorzy nie chcą płacić za uczciwe recenzje, tylko za recenzje pochlebne. Odbiorcy powoli przyzwyczajają się, że w dobie powszechnego nadmiaru wszystkiego nic nie jest tak wiele warte, by nie można tego mieć za darmo. Żyjemy w epoce inflacji wartości i dotyczy to także kultury.

Po dziesięciu latach istnienia PISF mamy Oscara i szereg innych ważnych nagród i wyróżnień. Powstają świetne, doceniane dokumenty.

Instytut wykonał wielką pracę. Udało się zrobić coś, co wydawało się niemożliwe, czyli wdrożyć system francuski. Ale to nie nagrody, o których Pan mówi, są dla mnie dowodem na skuteczność PISF.

Tylko?

Kolejny rok z rzędu polskie filmy trafiają do rankingów najchętniej oglądanych produkcji w Polsce. I to jest prawdziwy cud, bo jeszcze niedawno obowiązywał slogan „nie chodzę na polskie filmy". Polskie komedie były tematem kpin. Teraz o nich z przyjemnością rozmawiamy, a *Listy do M. 2*, komedia, bije wszystkie rekordy. Więc udało się odzyskać zaufanie widzów.

Rozmawiam z absolwentami szkół filmowych i nie podzielają tego entuzjazmu. Za chlebem wędrują do agencji reklamowych.

Pracy w przemyśle filmowym jest więcej niż kiedykolwiek. Nigdy wcześniej nie kręciliśmy tak wielu filmów. Oczywiście nadprodukcja reżyserów czy filmowców w ogóle jest problemem, ale pamiętajmy że Polska jest małym krajem. Na szczęście jesteśmy częścią zjednoczonej Europy. Młodzi twórcy powinni myśleć w kategoriach szerszych niż Polska, szukać pracy poza Łodzią czy Warszawą.

Słyszę już głosy, które mówią, że Pan zachęca do emigracji ludzi, których my wykształciliśmy.

Dla nas to tylko i wyłącznie zysk, bo ci ludzie będą się rozwijać. Bywam kuratorem międzynarodowych festiwali i wiem, że dobre filmy bardzo rzadko są produkowane przez jeden kraj. To prawie zawsze koprodukcje. *Ida* jest tu doskonałym przykładem.

Zaraz usłyszę, że *Ida* nie jest polskim filmem.

To film kręcony w Polsce, z aktorami z Polski, ale zrealizowany ze wsparciem finansowym Danii, Francji i Wielkiej Brytanii. Autora *Idy* wykształciła Anglia. Paweł Pawlikowski wszystkiego nauczył się na Zachodzie. Ten reżyser to Polak, z polską duszą, ale z mocnym, brytyjskim rodowodem artystycznym.

We Francji *Idę* obejrzało pół miliona osób.

Paradoks polega na tym, że ten film został lepiej przyjęty na Zachodzie niż w Polsce. Być może pomógł w tym „zachodni" sposób myślenia reżysera, a być może umiemy już sprzedawać nasze filmy i dobrze wprowadzać je na światowy rynek.

Pan do Oscara dla *Idy* podchodził z dystansem.

Mamy dwie strony. Tych urażonych, którzy chcieli tego Oscara oddać, i tych, którzy dmuchają i chuchają, nie chcą widzieć na nim najmniejszej rysy. Świetnie, że Oscar jest, nie powinniśmy go umniejszać, ale warto poobracać i poprzyglądać się tej statuetce z kilku stron.

Poobracajmy.

Pierwsza rzecz, już o tym mówiliśmy: *Ida* to nie jest film do końca polski. Raz, że to koprodukcja, dwa, że reżyser wniósł do filmu

umiejętności zdobyte w innym miejscu. Faktem jest i to, że jeśli w Hollywood postawimy obok siebie dwa równie wybitne filmy, to wygra zawsze ten, który porusza tematykę Holocaustu. To zawsze działa. *Ida* skorzystała z awantażu tematycznego. Nie bez powodu wspominałem wcześniej, że Hollywood założyli polscy Żydzi.

To może zostać bardzo źle przeczytane.

W moich ustach słowo Żyd nie ma żadnych negatywnych konotacji. Żyd to człowiek żydowskiego pochodzenia. Nic więcej! Nie jestem antysemitą, ale nie jestem także filosemitą – patrzę na ten temat normalnie. Faktem jest, że w Hollywood wciąż jest aktywnych wielu ludzi żydowskiego pochodzenia, którym towarzyszy silna potrzeba utrwalania pamięci o Holocauście. Więc nie udawajmy, że to nie ma znaczenia, bo ma.

W Polsce o tym nie mówimy, a jeśli już, to z widmem oskarżenia o antysemityzm.

To obserwacja zupełnie pozbawiona wrogości. Gdybym te fakty pomijał, na przykład z obawy przed irracjonalnymi oskarżeniami o antysemityzm, to musiałbym się wycofać z większości słów, które padły wcześniej.

Potrzebujemy więcej filmów narodowych? Produkcji, które będą tworzyć polski mit?

Jeśli oczekuje Pan odpowiedzi doktrynalnej: tak lub nie, to muszę Pana rozczarować. Doktrynalnie uważam, że nic nie powinno być zakazane, więc nie powiem też, że takich filmów nie należy tworzyć. Jeśli jednak tworzy się takie kino mechanicznie, na potrzeby doraźnych interesów politycznych, to będę to krytykował.

Bogusław Linda odmówił gry w *Pokłosiu*. Uznał, że zanim powstanie film o takim charakterze, potrzebujemy kilkunastu heroicznych.

Jak ognia unikam rozmowy o filmach, które mają powstać lub powinny powstać. Mogę oceniać i wypowiadać się wyłącznie na temat kina, które jest, i filmów, które obejrzałem. *Pokłosie* to był film średnio udany, dużo mniej udany niż *Ida*. Nie uważam, że tej tematyki nie wolno poruszać, ale Pasikowski nie udźwignął problemu. Ukrzyżowanie na drzwiach stodoły to obraz, który nie mieści się w ramach mojej wrażliwości.

O *Katyniu* pisał Pan, że to film jak *Dziady*, każdy Polak powinien go obejrzeć. W konsekwencji doszło do zabawnego paradoksu, bo Pan, aktywista LGBT, stał się bohaterem ultrakonserwatywnych portali.

Moje pokolenie przez większą część życia uczono, że zbrodnia w Katyniu się nie wydarzyła, więc to jest niezwykle ważne, że ten film powstał. *Katyń* nie jest dziełem doskonałym, ale zawiera sceny, w których Wajda wzniósł się na diapazon, którego oczekiwaliśmy. Ostatnie piętnaście minut filmu ma cechy wybitności. Tak naprawdę ta końcówka ratuje, ciągnie w górę resztę. I ważne: *Katyń* powstał z pobudek bardzo osobistych, szczerych, nie doktrynalnych.

Rząd Kazachstanu wyłożył ogromne pieniądze na produkcję *Nomada*. Chciano stworzyć wielkie, hollywoodzkie dzieło. Wyszło tak sobie.

Jeśli zaproponuje mi Pan pracę w Ministerstwie Kultury i każe decydować o tym, jakie filmy powinny otrzymać pieniądze na realizację, to odmówię. Widzę się tylko i wyłącznie w roli człowieka, który komentuje istniejące filmy, nie chcę na nie w żaden sposób wpływać. Nie mógłbym powiedzieć, że dzieła, które mają budzić patriotyzm, muszą być z gruntu złe i skazane na porażkę. W końcu Sienkiewicz napisał Trylogię właśnie po to, żeby budzić patriotyzm, i to się jednak czyta.

Zygmunt Kałużyński uważał, że Polacy nie powinni oglądać *Okrętu* Petersena. Wiem to od Pana.

I kłóciliśmy się o ten film dobre dwadzieścia lat. Zygmunt uważał, że *Okręt* wywołuje rodzaj sympatii do żołnierzy hitlerowskich. On, człowiek tak wolny, tu zabawił się w Cezara. Ja z kolei twierdziłem, że to jest film pacyfistyczny, antywojenny. Nie wywoływał sympatii do żołnierzy hitlerowskich, tylko do ludzi, po prostu.

Co odpowiadał Kałużyński?

Mówił, że maszerował w II Armii WP, zdobywał Wał Pomorski, i ja – bez tych doświadczeń – nigdy tego nie zrozumiem. To był argument, który pozostawał bez odpowiedzi.

Wajda miał swoje osobiste powody do realizacji *Katynia* i może właśnie to sprawia, że ten film działa? Zaryzykuję tezę, że kino narodowe inspirowane ustawami będzie słabsze, źle zrealizowane, że tu ważna jest motywacja artysty.

Być może tu jest pies pogrzebany… Ale myślę, że nie dochodzimy do żadnej nowej prawdy. Zawsze byli artyści, którzy tworzyli na kolanach. I wszyscy wiemy, że z tworzenia na kolanach nic wybitnego nie wychodzi. Niezależnie od tego, przed czym lub przed kim się klęka.

Tomasz Raczek – *krytyk filmowy, dziennikarz i publicysta, osobowość medialna. Właściciel Instytutu Wydawniczego Latarnik. Był redaktorem naczelnym magazynów „Film", „Playboy", „Voyage". Prowadził cieszące się uznaniem programy telewizyjne (wraz z Zygmuntem Kałużyńskim legendarne „Perły z Lamusa"). Laureat Wiktora oraz wielu nagród za osiągnięcia w dziedzinie krytyki artystycznej (m.in. Nagrody im. Stanisława Wyspiańskiego). Autor i współautor książek.*

Posłowie

Niektórych pewnie dziwi, dlaczego Orange – firma wyspecjalizowana w technologiach szybkiego Internetu – wsparła projekt i książkę, których istotą są długie i spokojne rozmowy. Rozwiązanie tej zagadki jest bardzo proste.

Przekaz marki Orange brzmi: „Liczy się to, co ważne dla Ciebie". Doskonale wiemy, że tym, co w naszym życiu jest najważniejsze, są inni ludzie – relacje z nimi, wymiana myśli, emocje i uczucia. Podstawą relacji jest zawsze kontakt. Tego właśnie dotyczył cały projekt Konrada Kruczkowskiego i o tym jest ta książka. To także jest wszak istotą działalności firmy telekomunikacyjnej – tworzenie warunków do bliskości, rozmowy, wymiany myśli.

Sześć wywiadów z mądrymi gośćmi, opisującymi świat z różnych perspektyw, to lektura bardzo pouczająca i dająca nadzieję na to, że w codziennym zabieganiu warto zatrzymać się na chwilę, zastanowić i poszukać odpowiedzi na pytania, które towarzyszą nam od zawsze. Bardzo się cieszę, że mogliśmy wesprzeć ten projekt i mam nadzieję, że lektura tej pozycji dała Państwu wiele satysfakcji. Bo przecież liczy się to, co ważne – dla Państwa.

Paweł Patkowski
Dyrektor Wykonawczy ds. Marki i Komunikacji
Marketingowej Orange Polska

Podziękowania

Kamili – za miłość, czyli wszystko
Marysi Organ – za przyjaźń, czyli miłość
o. Grzegorzowi Kramerowi SJ – za konfesjonał, czyli miłość
Rodzicom – za fundamenty

Ani Piwowarczyk – za wiosnę w środku zimy
Dorocie Szostek-Rejowskiej – za początek i rady; za przyjaźń
Michałowi Szafrańskiemu – za bezinteresowność
i bezkompromisowość, za przyjaźń
Tomkowi Sulewskiemu – za pomoc i wiarę w sens tego przedsięwzięcia
Jakubowi Górnickiemu – za kierunek i pomoc
Ryszardowi Style – za koła ratunkowe

Ta książka nie powstałaby, gdyby nie pomoc:
Anny Bukowskiej, Łukasza Gafflinga, Andrzeja Goliszka,
Agnieszki Grzechnik, Mai Jaworskiej, Sylwii Kaczmarek,
Andrzeja Kalemby, Moniki Koch, Anny Kowalczyk,
Anny Krzysztofowicz, Agaty Lipiec, Katarzyny Panfil, Barbary Polonis,
Agnieszki Sobich, Alicji Tatarczuk-Nowik, Agnieszki Wanat,
Arleny Witt, Jacka Zelka.

Bardzo dziękuję.

Fundacja Ewy Błaszczyk „Akogo?"

Od 2002 roku pomagamy dzieciom, które zapadły w śpiączkę. **Fundacja „Akogo?"** została założona przez Ewę Błaszczyk-Janczarską oraz ks. Wojtka Drozdowicza. Naszym celem jest pomoc osobom po ciężkich urazach mózgu, osobom w śpiączce. Prowadzimy działalność społeczno-edukacyjną, popularyzując wiedzę o śpiączce, sygnalizując skalę problemu, a także propagując nowe rozwiązania medyczne i rehabilitacyjne.

Stworzyliśmy od podstaw wraz z Ministerstwem Zdrowia program „Wybudzanie dzieci ze śpiączki w fazie B", wpisany w koszyk świadczeń gwarantowanych NFZ. Z inicjatywy fundacji uchwałą Sejmu RP 18 kwietnia obchodzimy w Polsce Narodowy Dzień Pacjenta w Śpiączce.

Wybudowaliśmy **klinikę „Budzik"**, która działa przy Centrum Zdrowia Dziecka w Warszawie. To pierwszy w Polsce wzorcowy ośrodek neurorehabilitacyjny dla dzieci w śpiączce. W klinice jest 15 łóżek. Pacjenci leczeni są bezpłatnie, a z dziećmi na stałe przebywają ich rodzice, którzy są włączani w proces rehabilitacji. Program realizowany w klinice przynosi efekty: w ciągu dwu i pół roku funkcjonowania Budzika (od lipca 2013 roku) wybudziło się ze śpiączki 23 pacjentów.

Budowa kliniki była możliwa dzięki wsparciu wielu darczyńców, firm, fundacji – powstał projekt, jakiego nie było w naszym kraju. Robimy wszystko, aby klinika świadczyła usługi medyczne na najwyższym, światowym poziomie, z wykorzystaniem rozmaitych, nowatorskich metod leczenia, diagnostyki oraz najszerszego wachlarza metod neurorehabilitacji.

Wraz z profesorem Wojciechem Maksymowiczem złożyliśmy do Ministerstwa Zdrowia projekt „Programu leczenia dorosłych chorych ze śpiączką", by w końcu możliwa była skuteczna pomoc takim osobom i by mógł w Polsce powstać tak potrzebny Budzik dla dorosłych. Wspierając nasze działania, dokładacie Państwo cegiełkę do wspaniałego projektu pomocy chorym pogrążonym w śpiączce. DZIĘKUJEMY!

Szczegóły na: www.akogo.pl

Fundacja Anny Dymnej „Mimo Wszystko"

Fundacja Anny Dymnej „Mimo Wszystko" powstała we wrześniu 2003 roku. Od tamtej pory wsparła leczenie, rehabilitację, a także edukację blisko 22 tysięcy osób chorych i niepełnosprawnych w całej Polsce. Prowadzi także i utrzymuje dwa ośrodki terapeutyczno-rehabilitacyjne: „Dolinę Słońca" w podkrakowskich Radwanowicach oraz Warsztat Terapii Zajęciowej w nadbałtyckim Lubiatowie, gdzie dorosłe osoby niepełnosprawne intelektualnie odnajdują sens i radość życia. Funkcję prezesa fundacji Anna Dymna od początku sprawuje społecznie.

Ideą, jaka przyświeca działaniom fundacji, jest wyrównywanie szans pomiędzy ludźmi niepełnosprawnymi oraz tymi w pełni zdrowia i sił – usuwanie barier mentalnych, które oddzielają ich dwa pozornie odrębne światy. Służą temu m.in. realizowane przez fundację projekty: Ogólnopolskie Dni Integracji „Zwyciężać Mimo Wszystko", Ogólnopolski Festiwal Zaczarowanej Piosenki, Ogólnopolski Festiwal Twórczości Teatralno--Muzycznej Osób Niepełnosprawnych Intelektualnie „Albertiana" i wiele innych. Działania fundacji zostały uhonorowane wieloma nagrodami, m.in. Flagą Rzeczypospolitej Polskiej (wyróżnienie Prezydenta RP) oraz „Pro Infantis Bono" – nagrodą Rzecznika Praw Dziecka RP.

Prowadzenie ośrodków terapeutycznych oraz realizacje wszystkich projektów stają się możliwe wyłącznie dzięki wsparciu darczyńców i sponsorów. Dołączyć do ich grona można, wpłacając darowiznę: albo za pośrednictwem formularza na stronie internetowej, albo na konto: 65 1090 1665 0000 0001 0373 7343.

Więcej informacji: www.mimowszystko.org